Horst Bosetzky
Mit Genuss in Taxe, Bahn und Bus

Horst Bosetzky

Mit Genuss in Taxe, Bahn und Bus

Humorvolle Geschichten und Gedanken
über die Berliner Verkehrsmittel

Jaron Verlag

Originalausgabe
1. Auflage 2016
© 2016 Jaron Verlag GmbH, Berlin

www.jaron-verlag.de
Umschlaggestaltung: Carsten Tiemessen, Düsseldorf
Satz: Pinkuin Satz und Datentechnik, Berlin
Druck und Bindung: CPI books GmbH, Leck

ISBN 978-3-89773-799-0

Inhalt

Einsteigen! Zurückbleiben bitte!

Statt eines Vorworts möchte ich mit dem beginnen, was der *tip* im Heft 25/2014 auf Seite 43 über Woody Allen und seinen Film *Magic in the Moonlight* schreibt und das – mag man es auch als Größenwahn belächeln – auf mich beziehen: *Die großen Zeiten sind längst vorbei, doch man macht einfach immer weiter sein Ding, bringt verlässlich Unterhaltungswerke leidlich solider Qualität unter die Leute – und die lieben einen dann irgendwann dafür, dass man überhaupt noch da ist.*

Probieren wir es also ...

Steht man schon ewig lange auf dem Bahnsteig und der Zug ist endlich eingelaufen, wird man per Lautsprecherdurchsage zum Einsteigen aufgefordert, obwohl dies eigentlich überflüssig und eine Verhöhnung der Fahrgäste ist. Die Standarddurchsage dient, klar, der Beschleunigung des Fahrgastwechsels. Aber wie soll man einsteigen, wenn einen die Flut der Aussteigenden regelrecht hinwegschwemmt? Eine Ansage »Bitte erst aussteigen lassen!« wäre sinnvoller. Gerade jüngere Menschen scheinen das Prinzip nicht verstanden zu haben, und die älteren kämpfen erbittert um die frei werdenden Sitzplätze. In solchen Situationen murmele ich manchmal, dass dies nicht das letzte Flugzeug aus dem Kessel von Stalingrad sei. Das »Zurückbleiben bitte!« ist eine Beleidigung aller derer, die nicht mitgekommen sind, denn wenn ich zu jemandem sage, er sei zurückgeblieben, dann versteht er das im Regelfall nicht als Kompliment.

Gleichviel, wenn ich endlich in der Bahn oder auch im Bus, in einer Taxe oder Fähre Platz genommen habe, schaue ich mich um, sitze da wie ein Yogi, und die Welt zieht an mir vorüber. Ich muss nichts tun, nicht laufen, nicht rudern und nicht paddeln, in keine Pedale treten und nicht auf den Verkehr achten. Es ist wie früher im Kinderwagen. Steht beim Bahnhof Savignyplatz an einer Hauswand *Wir rollen sitzend in den Tod*, so ist das pseudophilosophischer Unsinn für mich. Ich rolle sitzend in die Seligkeit, in einen Zustand, den der Psychologe Mihály Csíkszentmihályi als *flow* bezeichnet: das Gefühl, mit sich und der Welt eins zu sein und in eine Hochstimmung zu geraten, die das Leben auf eine höhere Ebene transportiert.

Wie bringe ich nun eine bestimmte Ordnung in das Chaos meiner Erinnerungen? Lassen Sie mich mit den Taxen beginnen, die allein deshalb zum Öffentlichen Personennahverkehr (ÖVPN) zählen, weil sie wie Bahnen und Busse eine Alternative zum privaten Auto darstellen. Anschließend werde ich mich der Straßen-, der U-, der S-Bahn und dann der Fähre zuwenden.

Taxe

Sie sind bei uns als Stammkunde registriert

Über meinen Hang zum Taxifahren

Dass ich so gern Taxe fahre, hängt mit meiner frühkindlichen Prägung zusammen. Meine Eltern wohnten zur Zeit meiner Zeugung und meiner nahenden Geburt am Weichselplatz in Berlin-Neukölln. Eine Hausgeburt stand Ende Januar, Anfang Februar 1938 nicht zur Debatte, und mein Vater hatte von einer guten Klinik in Köpenick gehört, am grünen Ufer der Spree gelegen. Dort habe ich dann auch am 1. Februar 1938, einem Dienstag, das Licht der Welt erblickt. Meine Eltern hatten weder ein Auto noch Geld für eine Taxe. Wie denn auch bei ihrem geringen Einkommen? Und so wäre ich denn wohl mit der Straßenbahn von Köpenick nach Neukölln verbracht worden, wenn nicht meine Kohlenoma, die Mutter meines Vaters, die Kohlenhändlerin Anna B., einen Taxiunternehmer als Kunden gehabt hätte. Der bot nun an, ihren neugeborenen Enkel Horst Otto Oskar Bosetzky kostenlos in einer seiner Taxen von Köpenick nach Neukölln zu befördern, rund zwölf Kilometer. Das also war meine erste innerstädtische Reise, und sie muss mir sehr gefallen haben.

Bis heute habe ich ein Wohlgefühl beim Taxifahren. Wähle ich die Nummer unseres Taxiunternehmens, tönt es sofort: »Sie sind bei uns als Stammkunde registriert.« Da zucke ich erst einmal kurz zusammen, weil sich das fast wie »Stammfreier« anhört, und befolge blitzschnell, was mir angeraten wird: »Wünschen Sie eine Taxe für sofort, drücken Sie die Eins.« Das tue ich, und mir wird versprochen, dass der Wagen mit der Nummer soundso in zwei Minuten vor meiner Haustür stehen wird. Ich beeile mich nicht sonderlich, denn meistens werden aus den zwei Minuten vier, sechs oder, wenn gerade ein Müllauto die Straße versperrt, auch schon einmal zehn.

Etwa 22 Jahre nach meiner Geburt wurde mir von meiner Mutter nahegelegt, mich selbst ans Steuer einer Taxe zu setzen. Zu dieser Zeit hatte ich angefangen, Soziologie zu studieren. »Was soll denn das? Damit kannst du doch nur Taxifahrer werden!«

Ja, warum denn nicht? Nur habe ich nie einen Führerschein gemacht. Wieso nicht? Zunächst aus Angst davor, dann von meinen Eltern ein Auto geschenkt zu bekommen und über Jahrzehnte hinweg ihren Chauffeur spielen zu müssen (»Kannst du uns bitte um vier Uhr morgens aus Kladow von Irma und Max abholen?«). Vielleicht auch aus ökologischen und ideologischen Gründen (»Zurück zur Natur«, Konsumverzicht). Vielleicht war es aber auch schlicht so, dass ich mich aufgrund meines fehlenden Fahrtalents nicht blamieren wollte. Die Liebe zu Straßen-, U- und S-Bahn kann es natürlich auch gewesen sein. Diesen Fortbewegungsmitteln wollte ich nicht untreu werden, sie nicht schnöde verraten.

Jetzt muss ich aber ein Geständnis ablegen: Vier Autos habe ich in meinem langen Leben dennoch gekauft – einen Käfer, einen Golf und zwei Passat. Denn meine erste Frau hatte einen Führerschein, und als unsere beiden Kinder zur Welt kamen, schien ein eigenes Fahrzeug unverzichtbar zu werden, zumal wir in Wilmersdorf wohnten und eine Laube in Heiligensee gepachtet hatten. Das aber war einmal. Heute haben die Gefährtin meines Lebens und ich weder einen Führerschein noch ein Auto.

Worum es sich bei einem Taxi überhaupt handelt, erfahre ich bei Wikipedia: um ein *von einem Kraftfahrer mit Personenbeförderungsschein gegen Bezahlung gesteuertes Individualverkehrsmittel zur Personenbeförderung.*

Und was passiert, wenn man einen Koffer befördern möchte?

Gegen Bezahlung – es wundert mich, dass es beim Taxifahren keine Vorkasse gibt wie etwa bei jeder chemischen
Reinigung. Woher will der Fahrer wissen, ob ich beim Erreichen des angegebenen Ziels den vom Taxameter ange-
zeigten Preis wirklich zahlen kann und will? Das ist ja bei
längeren Fahrten ein ganz schönes Sümmchen. Man ver-
traut mir, und das ist schön, denn als Soziologe habe ich
im Hörsaal oft genug erklärt, dass Vertrauen in der System-
theorie von Niklas Luhmann eine wichtige Funktion inne-
hat: die der Reduktion von Komplexität. Der Taxifahrer ver-
traut mir, dass ich ihn nicht berauben oder möglicherweise
ermorden will, ich vertraue ihm, dass er vernünftig Auto
fahren kann und sich in Berlin einigermaßen auskennt.
Wobei: Letzteres scheint mir nicht immer der Fall zu sein.
Ich steige am Bahnhof Zoo in eine Taxe und sage: »Nach
Frohnau bitte!« Dann schließe ich die Augen, nicht für
immer, sondern nur für ein paar Minuten, weil ich furchtbar müde bin. Als ich sie wieder öffne, fahren wir gerade
durch den Straßentunnel Bundesallee / Berliner Straße.
Ich schreie: »Entschuldigung, das ist die falsche Richtung!«
»Nein, das ist die richtige Richtung!«, beharrt der Taxifah-
rer. »Ich lebe schon seit fünfzehn Jahren in Berlin.«
»Und ich schon seit über siebzig«, kontere ich.
»Vor uns, hinterm Bundesplatz, da liegt doch Friedenau!«,
schreit der Taxifahrer.
»Zweifellos, aber ich möchte nach Frohnau.«
Manche Taxifahrer schalten, wenn sie sich geirrt haben, die
Uhr aus. Meiner tut es nicht.
»Gut«, beende ich unseren Streit, »dann setzen Sie mich
bitte gleich hinter dem Bahnhof Bundesplatz ab, da, wo
Friedenau beginnt, und ich fahre dann mit der S-Bahn nach
Frohnau.«
Ach ja, man hat es schwer mit mir, denn ich bilde mir ein,
Berlin ganz gut zu kennen. Und da immer wieder zu hören
ist, dass in Berlin viele Taxen sozusagen schwarz unterwegs

sind, das heißt dass die Fahrer keine Prüfung abgelegt haben und über keine Konzession verfügen, bin ich misstrauisch. Oft befrage ich auch vor einer Fahrt Google Maps und lasse mir die optimale Route auf den Bildschirm zaubern. Egal, ob der Fahrer ein Navi hat oder nicht, ich gebe ihm dann höflich, aber bestimmt die Strecke vor. Die meisten nehmen das kommentarlos hin, andere fühlen sich in ihrer Ehre gekränkt. Es gibt auch welche, die sich für den guten Rat bedanken. Aber keiner beschimpft mich. Das tun dafür meine Tochter und meine Lebensgefährtin, wenn sie hinten im Wagen sitzen.

»Papa, peinlich!«

»Horst, lass das doch! Der Mann ist schließlich Profi, und du magst es auch nicht, wenn dir jemand in deine Arbeit hineinredet!«

Ich mache einen Test. In der »Buchkantine« in Moabit habe ich eine Lesung. Auf der Hinfahrt gebe ich dem Fahrer die Route vor und bezahle fünfzehn Euro, auf der Rückfahrt lasse ich dem Fachmann freien Lauf – und bezahle siebzehn Euro. Das spricht für sich.

Als Verfasser von Kriminalromanen muss ich eigentlich immer eine Taxe nehmen, denn *Taxi nach Leipzig* lautete der Titel des ersten *Tatort*, erstmals ausgestrahlt am 29. November 1970. Paul Trimmel hieß der Kommissar. Das Drehbuch lehnt sich an einen Roman meines alten Freundes Friedhelm Werremeier an, der in Witten geboren ist.

Erinnert sei auch an den Kinofilm *Taxi Driver* von Martin Scorsese aus dem Jahr 1976 und an Senta Berger, die als *Die schnelle Gerdi* in einer Fernsehserie mit ihrem Taxi in München unterwegs gewesen ist. Ja sicher – ehe ich es mit den Feministinnen zu tun kriege –, es gibt auch tüchtige Taxifahrerinnen, aber die begegnen mir höchstens zweimal im Jahr.

Zweifellos ist es schwer, den Taxischein zu machen und x optimale Routen im Kopf zu haben, vor allem die zu Krankenhäusern und Hotels. Ein alter Freund, geborener Berliner, der jahrelang in den USA Trucker war, in Berlin Waren ausgefahren hat und zudem ein »pfiffiges Kerlchen« mit einem hohen IQ ist, fiel bei der Prüfung für den Taxischein durch. Also, Hut ab vor allen, die einen haben!

Es ist immer wieder spannend, wenn man die Tür eines Taxis öffnet und den ersten Blick auf die Person hinter dem Steuer wirft. Ohne eine längere empirische Untersuchung durchgeführt zu haben, zu der ich als Soziologe eigentlich verpflichtet wäre, möchte ich hier eine grobe Typologie der Taxifahrer aufstellen:

> *Der hässliche Deutsche*
>
> Ihm sieht man seine Nähe zu »Pegida« auf den ersten Blick an. Er beginnt sofort, gegen alles Fremdländische zu hetzen. Einmal war ein Fahrer so schlimm, dass ich fast vorzeitig ausgestiegen wäre. Zum Glück gibt es immer weniger Taxifahrer dieser Art.

> *Der Aussteiger*
>
> Der hasst alles, was nach Bürgertum aussieht, kleidet sich wie auf einem Campingplatz und hat sich seit Wochen nicht richtig gewaschen. Darunter gibt es einige Ausnahmen, so wie Herrn M., der uns oft gefahren hat und vorher Lehrer war.

> *Der Student*
>
> Er verdient sich sein Studium mit Taxifahren, plaudert gern von seinem Fach und verachtet als künftiger Akademiker den Fahrgast ein wenig.

> *Der Neuberliner aus fernen Landen*
>
> Er lebt gern in dieser Stadt und lobt uns Deutsche derart, dass es schon peinlich ist und einen an den Slogan »Am deutschen Wesen soll die Welt genesen« erinnert.

> *Der gewesene Ost-Berliner*
> Er fühlt sich im Westteil der Stadt immer noch ein wenig fremd und fährt lieber von Schmöckwitz nach Pankow als von Wilmersdorf nach Kladow.

> *Der ganz normale Mensch*
> An ihm fällt nur auf, dass nichts an ihm auffällt. Er macht vermutlich die absolute Mehrheit aus.

Steht »meine« Taxe endlich vor mir, habe ich mich zu entscheiden, ob ich auf dem Beifahrersitz Platz nehmen möchte oder im Fond. Vorn liegen meist Seltersflaschen und Zeitungen herum, die erst weggeräumt werden müssen. Zudem muss der Sitz etliche Zentimeter nach hinten gerückt werden, damit ich einsteigen kann. Wie auch immer, es ist ein komisches Gefühl, plötzlich mit einem wildfremden Menschen auf engem Raum eingesperrt zu sein. Sitzt man auf der Rückbank und der Fahrer schräg vor einem, ist es nicht ganz so schlimm. Aber auch dort ist man oftmals Gerüchen ausgesetzt, die an einen Zoobesuch erinnern. Mit der Nennung des Ziels gibt man nach dem Einsteigen ungewollt einen Stichpunkt für eine kleine Plauderei. »Schmöckwitz ... Dahin sind wir immer zum Baden rausgefahren ...«
Ab und an trifft man auf einen Fahrer mit ausgesprochener Logorrhö. Mir passiert das zumeist, wenn ich von einer anstrengenden Lesung komme und nur noch meine Ruhe haben will. Die einsilbigen Fahrer scheinen jedoch zu überwiegen. Viele schalten auch das Radio ein. Oft hören sie zu meiner Überraschung klassische Musik.
Von 1967 bis 1968 wurde aufgrund vieler Taxifahrermorde eine »Trennwandverordnung« in Kraft gesetzt, die vorschrieb, dass zwischen Fahrer- und Rücksitz eine Panzerglasscheibe eingebaut werden musste. Diese Konstruktion wurde von vielen verflucht, denn große Fahrer konnten

ihren Sitz nicht mehr weit genug nach hinten schieben, im Sommer wurde es in beiden Abteilungen unerträglich heiß, und beim plötzlichen Bremsen verletzten sich die Fahrgäste nicht selten an der »Gedächtnisgondel«. Schnell verschwand der Unsinn wieder.

An einer »Halte«, an der viele Taxis auf Kunden warten, hat man die Qual der Wahl. Zwar kann man sich den Wagen aussuchen, in den man einsteigen will, man hat aber ein schlechtes Gefühl, wenn man nicht den ersten in der langen Schlange nimmt. Aber was macht man, wenn das nun ein kleiner Wagen vom Typ Schlaglochsuchgerät ist und man die schlechten Fahrbahnen kennt? Und wenn man nur eine kurze Strecke fahren will? Der Vorderste wartet vielleicht schon eine Stunde und bekommt dann eine Tour, bei der er nur fünf Euro zwanzig verdient. Soll man in solch einem Fall doch den Letzten nehmen, der nur zehn Minuten gewartet hat? Eine schwere Entscheidung ...

Bei Regen, Glatteis oder wenn ich schlecht zu Fuß bin, bestelle ich mir telefonisch eine Taxe. Wenn ich dann nicht nach Frohnau, sondern nur zum Funkhaus am Hans-Rosenthal-Platz will, erlebe ich oft einen fluchenden oder aber den Tränen nahen Fahrer. Denn diese Fahrt bringt mit Trinkgeld nur sieben Euro. Da wage ich es erst gar nicht, den »Winketarif« in Anspruch zu nehmen.

Vor fünfzehn Jahren, als wir mit unserer kleinen Tochter unterwegs waren, gab es noch das Problem des Kindersitzes: Oft war keiner an Bord. Deshalb haben wir uns eigens für Taxifahrten einen gekauft. Aber ehe der dann auf der Rückbank sicher verankert war ...

Bequemer als mit Bahn und Bus ist man mit der Taxe allemal unterwegs – aber auch schneller? Bestimmt nicht, wenn es zur Hauptverkehrszeit, der HVZ, durch die Innenstadt geht oder man nach Feierabend eine der Ausfallstraßen benutzen muss. Bei den vielen Staus nicht ausfallend zu werden ist schon verdammt schwierig.

Einmal, als ich mit einem schweren Koffer am Hauptbahnhof ankam und zu einem Termin nach Charlottenburg wollte, war die Tiergartenstraße so verstopft, dass ich den Taxifahrer bat, mich aussteigen zu lassen, um einen kleinen Spaziergang unternehmen zu können. Ich legte ihm einen Geldschein hin (»Als Anzahlung ...«), und er hatte ja auch noch meinen Koffer an Bord. So bin ich dann mehr als einen Kilometer neben meiner Taxe hergelaufen und war zeitweise schneller als sie.

Im *Tagesspiegel* vom 15. Mai 2015 finden sich unter der Überschrift *Och nee, det is mir zu weit* Schilderungen von Lesern über ihre Erlebnisse mit Berliner Taxifahrern. Und da kommt einiges an Klagen zusammen: übermüdete Fahrer, schlechte Luft in Fahrzeugen, aggressives Verhalten Radfahrern gegenüber, geringe Ortskenntnisse, mieser Service, was das Ein- und Ausladen von Koffern betrifft, und die Ablehnung, Fahrgäste über kurze Strecken zu befördern.

Ich habe seit Jahren ein festes Prinzip: Hin, wenn es früh am Tag und hell ist, mit Bahn und Bus – zurück, wenn es spät und dunkel geworden ist, mit der Taxe.

Laut ADAC kostet ein Auto um die sechshundert Euro im Monat, das sind mehr als siebentausend Euro im Jahr. Dennoch gibt es Freunde und Verwandte, die oft zwei Autos besitzen, mich aber vorwurfsvoll ansehen, wenn ich mit der Taxe von ihnen nach Hause fahre und vierzig Euro zahlen muss. »So eine Verschwendung! Na, du musst es ja dicke haben!«, heißt es dann immer.

Zum Bahn- und Busfahren allgemein

Die Qual der Wahl

Über x Möglichkeiten, ans Ziel zu gelangen

Wenn ich mit Bahn oder Bus ein Ziel innerhalb Berlins errei-chen möchte, dann öffne ich erst einmal meinen Internet-browser und klicke unter *Favoriten* den Routenplaner der BVG an. So gelange ich auf die Startseite, auf der ich den Abfahrts- und den Zielpunkt meiner Reise, die gewünschte Zeit meiner Abfahrt oder Ankunft und das Datum einge-ben kann. Zu guter Letzt muss ich auf *Verbindung suchen* klicken. Diesmal will ich am Montag, dem 2. März 2015, zum Berliner ver.di-Hauptquartier, in dem auch der Schrift-stellerverband (VS) untergebracht ist, also zur Köpenicker Straße 30 in 10179 Berlin-Mitte. Gewünschte Ankunft: 11:00 Uhr. Start: Bundesplatz (Berlin) (S+U). Der Routen-planer macht mir drei Vorschläge:

1. Mit der S 45 bis Hermannstraße, dann mit der U 8 bis Heinrich-Heine-Straße und von dort mit dem Bus 265 bis Bethaniendamm (35 Minuten).
2. Mit der U 9 bis Kurfürstendamm, dann mit der U 1 bis Kottbusser Tor und von dort mit dem Bus 140 bis Be-thaniendamm (40 Minuten).
3. Mit der Ringbahn S 42 bis Treptower Park, dann mit dem Bus 165 bis Bethaniendamm (44 Minuten).

Damit nicht genug, mir fallen spontan noch zwei andere Möglichkeiten ein, die ich dem Routenplaner entlocke, indem ich eine Zwischenstation mit Aufenthaltsdauer hin-zufüge:

4. Mit der U 9 bis Kurfürstendamm, dort umsteigen in die U 1, bis Schlesisches Tor fahren und dann weiter mit dem Bus 165 bis Bethaniendamm (44 Minuten).
5. Mit der Ringbahn S 42 bis Ostkreuz, dann mit einem Zug der Stadtbahn bis Ostbahnhof, weiter mit dem Bus 147 bis Bethaniendamm (52 Minuten). Statt den Bus zu nehmen, könnte ich aber auch zu Fuß gehen (860 Meter).

Ja, was nun? Spontan fällt mir nur Goethes *Faust* ein: *Da steh ich nun, ich armer Tor! / Und bin so klug als wie zuvor; / Heiße Magister, heiße Doktor gar [...]*.
Für die Variante eins spricht die kürzeste Fahrzeit, aber an der Hermannstraße umzusteigen, das geht vom Gefühl her nur mit zwei Bodyguards und zugehaltener Nase. Denn die Treppen dort dienen offenbar als Pissoir. Und die Köpenicker Straße von der U-Bahn Heinrich-Heine-Straße ostwärts zu gehen ist nur etwas für einen, der auszieht, das Fürchten zu lernen. Also: Nein!
Variante zwei schließt ein zweimaliges Umsteigen ein, und dabei läuft man in Berlin immer Gefahr, im Krankenhaus zu landen, denn nach der Devise »Ohne Rücksicht auf Verluste« strebt alles dem Anschluss entgegen. Eine Freundin des Hauses ist vor nicht allzu langer Zeit auf dem U-Bahnhof Osloer Straße von einem eilenden Mann die Treppe hinuntergestoßen worden und durfte sich einer hübschen Gehirnerschütterung erfreuen. Wohl denen, die im Kopf etwas haben, das sich erschüttern lässt! Also: Nein!
Variante drei ist ganz hübsch, bedingt aber in Treptow einen längeren Fußmarsch von der S-Bahn zum Bus, der sogar den Gang durch einen Tunnel erfordert. Man muss immer lange auf den Bus warten und ist dabei einer solchen Menge von Abgasen und Feinstaub ausgesetzt, dass man sich sofort als COPD-Kranker (*chronic obstructive pulmonary disease*, Chronisch obstruktive Lungenerkrankung)

fühlt. Außerdem lockt gegenüber der Bushaltestelle ein Taxistand, und es kostet erhebliche Kraft, dieser Versuchung zu widerstehen. Also: Nein!

Variante vier hat den Vorteil, dass man ab Kurfürstendamm in der U 1 immer einen Sitzplatz findet und kurz vorm Gleisdreieck auf der Hochbahn eine schöne Sightseeingtour erleben kann. Aber dafür zweimal Umsteigen ... Also: Nein!

Bleibt die Variante fünf. Am Ostkreuz wird immer noch gebaut, und alle naselang fährt mein Zug woanders ab. Wenn ich zu Fuß gehe, habe ich die Schillingbrücke zu überqueren. Dieser Weg ist zwar mit einer herrlichen Aussicht verbunden, aber ich leide unter einer Brückenphobie, seit ich im Alter von vier Jahren einmal von meinem Vater auf eine Oderbrücke in Steinau gesetzt wurde. Also: Nein!

Was soll ich nun machen? Die einfachste Antwort wäre: Zu Hause bleiben. Das geht aber nicht. Deshalb greife ich zum Würfel – das wird dann eine Art Gottesurteil, und ich werde es annehmen. Der Würfel rollt aus, das *alea iacta est* soll gelten. Es wird eine Sechs ... Ich muss also eine sechste Variante finden. Die lautet dann wie folgt:

6. Mit der U 9 bis Berliner Straße, umsteigen in die U 7, Mehringdamm aussteigen, dort in den 140er Bus einsteigen und bis Bethaniendamm fahren.

Das macht der Routenplaner der BVG nicht mit und bietet mir nur irrwitzige Verbindungen mit drei- bis viermal Umsteigen an. Aber es funktioniert mit dieser Route. Ich erreiche mein Ziel, ohne in ein Krankenhaus oder gar die Psychiatrie eingewiesen zu werden.

Allerdings ... »Die Sitzung, zu der Sie wollen, findet erst morgen statt.«

Wazos Jünger

Über müffelnde Fahrgäste und
das Studium von Kotzebues Werken

Wazo (985–1048), Theologe am Hofe des Salierkaisers Konrad II. und später Bischof in Lüttich, war ein ehrenwerter Mann, hatte aber eine kleine Marotte: Aus asketischer Bescheidenheit wusch er sich nie und stank deswegen gottserbärmlich.

Dieser Wazo muss in Berlin viele Jünger haben. Oft sitze ich in Bahn oder Bus neben einem von ihnen und tröste mich mit dem Spruch, mit dem früher immer der warme Mief in unseren Zimmern gegenüber dem kalten Ozon von draußen verteidigt wurde: »Erstunken ist noch keiner.«

Schlimm ist aber auch das Gegenteil, nämlich wenn Damen derart in Wolken von Duftwässerchen eingehüllt sind, dass man nicht mehr zu atmen wagt und dem Ersticken nahe ist.

Andere Fahrgäste leiden unter Blähungen und flatulieren leise, lassen also während der Fahrt einen fahren. Anklagen wird sie deswegen niemand, denn in Berlin gilt nun einmal: »Wer'n zuerst gerochen, dem ist er aus dem ... gekrochen!«

Ich bin für jeden Kalauer (-kylauer) zu haben. Deshalb kann ich bei keiner Einladung zum Abendessen widerstehen, der Gastgeberin das zu sagen, was mir einer meiner Studenten überliefert hat: »Es hat ausgebrochen gut geschmeckt, gnädige Frau!« Daran musste ich neulich denken, als ich auf der U 9 unterwegs war. Da hockte doch auf einem der Quersitze, und zwar an der äußeren Seite zum Gang hin, ein Mann, der kurz davor war, das eruptiv zum Ausbruch kommen zu lassen, was sich in seinem Magen an Rotwein und Erbsensuppe angesammelt hatte. Ich fürchtete, der Vorgang werde dadurch beschleunigt, dass sein Kopf immer wieder zur Seite sackte. Doch jedes Mal, wenn sich sein Mund öffnete und der Schwall zu erwarten war, rief er nur nach seinem Hund. »Lassie, komm her!« Fakt war allerdings, dass nirgendwo ein Hund zu sehen war. Neben ihm wurden Wetten abgeschlossen: Fällt der Mann auf den Gang, oder fängt er an, »Kotzebues Werke zu studieren«? So bezeichneten die vornehmen Leute in meiner Jugend diesen kreatürlichen Vorgang. Heute finden wir in österreichischen Verkehrsflugzeugen die schönste Umschreibung für das, was hierzulande umgangssprachlich Kotztüte heißt, nämlich Speibsackerl. Aber da die Deutschen es lieber englisch haben, würde es auch genügen, wenn die BVG und S-Bahn für jeden Wagen *sickness bags* anschaffen und neben den Nothammer hängen würden.

Noch schnell für die Allgemeinbildung und das nächste Kreuzwort- oder Silbenrätsel: August Friedrich Ferdinand von Kotzebue, 1761–1819, war ein deutscher Schriftsteller (unter anderem schrieb er Lustspiele wie *Die Indianer in England* oder *Die deutschen Kleinstädter*) und wurde in Mannheim vom Burschenschafter Karl Ludwig Sand erdolcht, weil er als Spitzel der russischen Regierung galt.

Mit diesem Wissen können Sie auf jeder Party bildungsnaher Schichten punkten, indem Sie fragen: »Welcher deutsche Schriftsteller ist durch Sand umgebracht worden?«

Was hat das nun mit dem Berliner ÖPNV zu tun? Nichts, außer Sie stellen diese Frage bei einer Fahrt mit S-Bahn oder BVG und fügen noch hinzu, dass die Sandhauser Straße in Heiligensee nicht nach diesem Sand benannt ist und der 324er Bus, der durch diese Gegend fährt, auch an keiner Haltestelle Sandhausen hält.

Nun hat der Mann mit ohne Hund doch ... Her mit einer Tüte Sand, wenn es schon keine Speibsackerl gibt!

Beförderungseinfälle

Über meinen Hang zum krankhaften Assoziieren

Langes Fahren führt zu abgesenktem Bewusstsein. Befinde ich mich in diesem Zustand der leichten Hypnose, kommt es bei mir zu Beförderungseinfällen wie diesen:

> Er piept so kläglich, als ich ihm meinen Fahrausweis ins Maul schiebe. Klar, das sind die Leiden des jungen Entwerters.
> Nett, dass einem ängstlichen Menschen wie mir, der fortwährend Katastrophen kommen sieht, in Straßenbahnen und Bussen unaufhörlich versichert wird: »Wagen hält!«
> »Eingelaufener Zug endet hier!« Wieso ist der eingelaufen, ist er zu heiß gewaschen worden?
> Kennen Sie Alex Ander, Frank Furter, Franz Ösische, Heide L. Berger, Jan Nowitz, Leo Pold, Magda Lenen, Resi Denz, Rose N. Thaler oder Zita Delle? Sie alle haben eine eigene Straße, einen eigenen Platz oder sogar einen Bahnhof im Berliner Stadtgebiet bekommen.

Beim allabendlichen Glas Rotwein (»Lieber Rotwein als tot sein«) versuche ich dann, ein Kreuzworträtsel zu lösen. Gefragt wird nach einem Synonym für »Fahrgast, Gefangener«. Nach längerem Grübeln habe ich die Lösung: Insasse. Bin ich also als Fahrgast in Bahnen und Bussen immer auch ein Gefangener? Ist ja erschütternd! Jedenfalls erklärt das so einiges.

Ein hübscher Einfall findet sich auch im *Tagesspiegel* vom 7. April 2015, wo im Hinblick auf den kosmopolitischen Slogan »Be Berlin, be ...« gemeldet wird, dass nun auch die

Berliner U- und S-Bahnhöfe englische Namen tragen sollen. So wird aus Frohnau *Happy Meadow*, aus Waidmannslust *Huntsman's Desire*, aus Brandenburger Tor *Burning Castle Gate*, aus Alt-Mariendorf *Old Mary's Village* und aus Bundesplatz *Federation Square*.

Dann lärmt mal schön!

*Über nervende Kinder und Musikanten
bei Bahnfahrten*

Ich liebe Kinder, habe selbst drei und außerdem zwei
Enkel- und drei Patenkinder. Wenn ich aber in der U- oder
S-Bahn sitze und eine Schulklasse oder Kitagruppe ein-
steigt, dann ... Aus ist es mit dem Lesen und Dösen, dem
Schauen und Sinnieren, dem Ausbrüten neuer Geschichten
und dem Einnicken. Ich ziehe meine Ohrenstöpsel aus der
Tasche, die ich für Kinowerbung und den Besuch von Sport-
hallen stets bei mir habe, und versuche, dem nächsten
Hörsturz zu entgehen. Der nervtötende Lärm ist das eine,
das andere aber ist die Angst um die lieben Kleinen, wenn
sie ausgestiegen sind und auf dem Bahnsteig weiter toben.
Denn wie leicht kann da ...
Also lärmt mal schön, das beruhigt mich.
Was manche Musikanten im rollenden Konzertsaal ihrer
Ziehharmonika entlocken, kann nur als akustische Umweltverschmutzung bezeichnet werden und ist nichts
anderes als grausam. Aber auch Gitarrenspieler und Voka-
listen können mächtig nerven. Bei allem Mitleid mit ihnen
würde ich am liebsten schreien: »Hier haben Sie zehn Euro,
aber nur unter der Bedingung, dass Sie nie wieder spielen,
wenn ich im Zug sitze!«
Auch wenn *Straßenfeger*-Verkäufer auftauchen und ihr
Verslein aufsagen, gerate ich in einen emotionalen Aus-
nahmezustand. Vor allem deshalb, weil ich selbst einmal
durch die U-Bahn gegangen bin, um den *Straßenfeger* zu
verkaufen, und zwar im Rahmen eines Projekts, bei dem
meine Studierenden sich in das Leben von Obdachlosen
hineinversetzen sollten. Wer wollte, konnte auch für acht-
zig D-Mark ein »Betteldiplom« machen, aber außer mir

wollte das nur noch eine Studentin. Seitdem habe ich immer sehr ambivalente Gefühle, wenn *Straßenfeger*-Leute die Wagen betreten. Zum einen packt mich das Entsetzen, denn es waren damals schlimme Stunden, ich will nicht mehr daran erinnert werden und gucke deshalb meistens weg. Zum anderen tun mir die armen Teufel leid, und ich greife in die Tasche.

Zugluft und Harnverhaltung

*Über mehrere Ärgernisse und Nöte
beim Unterwegssein*

Ich hatte in meiner Bürozeit einmal einen Kollegen, der hieß Zietz, Timon Zietz, und öfters, wenn er sich am Telefon mit »Hier Zietz« meldete, kam der kostenlose Ratschlag: »Dann machen Sie doch das Fenster zu.« So etwas kann ganz schön nerven. Nicht anders ist es mit den Spielchen im Sommer in der S-Bahn.

Oft sitzt dann neben mir eine Verehrerin von Max Frisch oder Friedrich Luft und reißt das Fenster auf, weil sie glaubt, anderenfalls im Mief ersticken zu müssen. Ich freue mich einerseits darüber, weil frische Luft eine gute Sache ist und auch ich gerade wegen Sauerstoffmangels am Kollabieren bin, fürchte aber andererseits sofort, dass sich durch die kühle Luft mein drittes Ohr entzünden könnte, mein Mittelohr. Deshalb freue ich mich ein zweites Mal, wenn nun Roland Ruppig aufspringt und das Fenster wieder schließt. Dabei knallt es so laut, dass etliche Fahrgäste glauben, eine Explosion hätte stattgefunden. Schnell eilen sie zum Arzt, um sich ihr Knalltrauma behandeln zu lassen.

Ein paar Stationen weiter wiederholt sich das Prozedere, wenn auch mit anderen Akteuren: Fenster auf, Fenster zu. Manchmal bekriegen sich die Auf- und die Zu-Partei sehr heftig, zumindest verbal. Dabei spielt die alte Berliner Geisteshaltung »Lieber warmer Mief als kalter Ozon« eine nicht geringe Rolle. Ich habe es bei solchen Kampfhandlungen immer schwer, weil ich eigentlich auf beiden Seiten stehe und die Rechtslage auch nicht ganz geklärt ist. Jedenfalls ist das Ganze meist recht amüsant und dient zumeist einer vergleichsweise harmlosen Aggressionsabfuhr. Ich befürchte nur, dass es in den Berliner S- und U-Bahn-

Zügen bald so sein wird wie im ICE: Dort lassen sich die Fenster überhaupt nicht mehr öffnen.

Ist dann endlich Friede im Karton ... äh, im Waggon, denke ich darüber nach, ob ich es bis zu einem mit WC ausgestatteten Bahnhof wie Zoo, Friedrichstraße oder Hauptbahnhof oder gar bis zum Ziel durchhalten kann – oder nicht doch schon vorher ...

Wenn ich nicht daran gedacht hätte, dann hätte ich es meist noch stundenlang durchgehalten, so aber ... Ich kann nur der Hochkultur huldigen und reimen: Er erreicht den Hof mit Müh' und Not / in seiner Hose aber war der Kot.

Unsinn! Es geht ja nicht um diesen, sondern um den Urin. Es gibt Menschen, die müssen stundenlang nicht auf die Toilette gehen und können nicht ahnen, wie diejenigen leiden, bei denen andauernd die überaktive Blase drückt. Am schlimmsten sind diejenigen dran, die wissen, dass der große dänische Astronom Tycho de Brahe 1601 in Prag an Harnverhaltung gestorben ist. Lesen sie dann noch auf riesigen Werbeplakaten »Alles muss raus!«, dann sind sie gänzlich verloren.

Früher war das alles kein Problem, da gab es auf jedem S-Bahnhof am Ende des Bahnsteigs eine Toilette. Deren Benutzung war kostenlos, und man musste nicht fünfzig Cent oder mehr dafür berappen, dass man, wie es damals noch hieß, »eine Stange Wasser in die Ecke stellen« wollte. Heute aber kann man schier verzweifeln, denn hat man einen der wenigen Bahnhöfe mit WC-Center erreicht, kann es schon zu spät sein. Vermutlich sieht man deshalb immer wieder Menschen das tun, was einst »Wassertreten« genannt wurde – mit verbissenem Gesicht von einem Bein auf das andere treten.

Wer also ständig muss, sollte auch auf innerstädtischen Reisen mit RE-Zügen fahren, da die mit Toiletten ausgestattet sind, auch wenn die fortwährend besetzt sind.

Ich bedanke mich bei mir und werde meinen Rat befolgen,

bin ich doch Betroffener und habe alle Bahnhöfe im Kopf, in deren Nähe eine kostenpflichtige Wall-Toilette oder ein historisches Café Achteck zu finden sind. Die Benutzung des Letzteren kostet zwar nichts, dafür muss man sich aber wegen des dort anzutreffenden Hochwassers beim Betreten die Hosenbeine hochkrempeln.

Wenn Sie mich also im Bereich des öffentlichen Personennahverkehrs einmal rennen sehen, kennen Sie den Grund und wissen, warum ich nicht angesprochen werden möchte.

Hilfe – wo bin ich?

Über das Umbenennen von Bahnhöfen

In der Psychologie spricht man von Depersonalisation und Derealisation, wenn man das Gefühl hat, dass die Welt unwirklich und vom eigenen Körper und Erleben getrennt ist. Betroffene erleiden eine Panikattacke mit Atemnot, Herzrasen und Schweißausbruch und beben am ganzen Körper. So ist es mir vor Jahren zum ersten Mal ergangen, als ich – wie ich es seit Jahrzehnten zu tun pflege – auf dem Bahnhof ausgestiegen bin, der auf der Linie U 6 in Richtung Alt-Tegel der Scharnweberstraße folgt. Plötzlich stand nicht mehr Seidelstraße auf den Schildern, sondern Otisstraße. Hilfe – wo bin ich, wer bin ich? Ist in den Schaltkreisen meines Gehirns etwas heftig durcheinandergeraten? Bin ich reif für die Karl-Bonhoeffer-Nervenklinik?

Nein, ich war nur Opfer der allgemeinen Berliner Umbenenneritis geworden. Es hat ja einige Berliner U-Bahnhöfe schlimm erwischt. So hieß der Bahnhof Südstern (U 7) schon Hasenheide, Kaiser-Friedrich-Platz und Gardepionierplatz, und Stadtmitte (U 2 und U 6) hieß schon Friedrichstraße, Leipziger Straße und Friedrichstadt. Rekordhalter ist aber wohl das Frankfurter Tor (U 5) mit folgender Namensabfolge: Petersburger Straße (bei der Eröffnung am 21. Dezember 1930), Bersarinstraße (3. Juni 1946), Bersarinstraße (Frankfurter Tor) (1. Januar 1958), Frankfurter Tor (1. Juni 1958), Rathaus Friedrichshain (3. Oktober 1991), Petersburger Straße (1. September 1996) und wieder Frankfurter Tor (24. Mai 1998). Zuletzt ist auf der Strecke der U 6 aus dem Bahnhof Zinnowitzer Straße Naturkundemuseum geworden, und jetzt soll auf der U 3 die Haltestelle Thielplatz in Freie Universität umbenannt werden, da es einen Thielplatz gar nicht gibt.

Bei den S-Bahnhöfen verhält es sich nicht viel anders. Dass der Bahnhof Ausstellung sechs Jahre vor meiner Geburt, also 1932, in Westkreuz umbenannt wurde, hat mich nicht tangiert. Dafür aber haben mich die Namenswechsel auf der Strecke nach Ahrensfelde umso mehr betroffen, weil ich zu DDR-Zeiten wie nach der friedlichen Revolution öfters auf dieser Linie unterwegs war, um meine Verwandten zu besuchen. Damals wurde aus Karl-Maron-Straße Poelchaustraße, aus Otto-Winzer-Straße Mehrower Allee und aus Bruno-Leuschner-Straße Raoul-Wallenberg-Straße. Dazu fällt mir nur Goethe ein: *Mir wird von alledem so dumm, / Als ging mir ein Mühlrad im Kopf herum.* Und noch ein paar Beispiele: Griebnitzsee hieß zuerst Neubabelsberg und dann Babelsberg-Ufastadt, Hackescher Markt anfangs Börse und dann zu DDR-Zeiten Marx-Engels-Platz, Bundesplatz zuerst Wilmersdorf-Friedenau und dann nur Wilmersdorf, Messe Süd wurde als Eichkamp eröffnet, bekam dann den Namen Deutschlandhalle und wurde danach erneut in Eichkamp umbenannt, Südkreuz war einmal Papestraße, Westhafen Putlitzstraße und Olympiastadion ist als Stadion eröffnet worden und wurde noch vor meiner Geburt aus politischen Gründen in Reichssportfeld umbenannt.

Viele Bahnhöfe und Bahnhofsnamen sind heute auf keinem Stadtplan mehr zu finden und weithin aus dem kollektiven Gedächtnis der Berliner verschwunden, etwa Dreilinden, Düppel, Gartenfeld, Hohenschöpping, Kohlhasenbrück, Kolonnenstraße, Siemensstadt-Fürstenbrunn und Wernerwerk.

Ein Trost ist nur, dass es einen U- oder S-Bahnhof Horst-Bosetzky-Weg nicht einmal zehn Jahre nach meinem Tod geben wird und niemand meinetwegen um seine Einweisung in die Psychiatrie fürchten muss.

Durch Wald und Heide

Über die Waldstrecken von S-, Straßenbahn und Bus

Im Wald und auf der Heide, / da such ich meine Freude, singt der Jäger. Aber auch ich als Soziologe und Schriftsteller bin andauernd auf der Jagd, auf der Jagd nach sozialen Zu- und Missständen sowie nach schönen Plots und Geschichten. Und es wäre doch eine tolle Story und brächte mich in alle Medien, wenn ich aus fahrenden Zügen wilde Schweine und fliegendes Getier erlegen würde: *Das Huhn im schnellen Fluge, / die Schnepf' im Zickzackfluge / treff ich mit Sicherheit.* Ja, aber nur, wenn ich vorher meine Seele dem Samiel aus dem *Freischütz* (bei uns zu Hause Schreifritz genannt) verkaufen würde.

Es gibt in Berlin keine U-Bahn, die richtig durch den Wald fährt – lassen wir die U 2 einmal beiseite, die kurz vor Ruhleben die nördlichsten Ausläufer des Grunewalds leicht tangiert. Eine Walddörfer-(U-)Bahn wie die Hamburger haben wir nicht, wir müssen uns also auf S- und Straßenbahn sowie den Busverkehr beschränken.

Bis auf die Ringbahn (S 41 und S 42) durchfahren oder streifen fast alle S-Bahn-Linien ausgedehnte Waldgebiete und Heideflächen. Zum Beispiel fährt die S 1 zwischen Frohnau und Oranienburg durch die Stolper Heide, die Bieseheide und den Borgsdorfer Forst, die S 25 durchquert zwischen Tegel und Hennigsdorf den Tegeler Forst, die S 3 zwischen Karlshorst und Erkner die Wuhlheide, die Mittelheide, die Krummendammer Heide und den Berliner Stadtforst Oberspree, die S 46 zwischen Adlershof und Zeuthen die Köllnische Heide, den Forst Grünau-Dahme und den Berliner Stadtforst, die S 5 zwischen Strausberg und Strausberg Stadt den dortigen Stadtforst, die S 7 zwischen Grunewald und Nikolassee den grünen Wald und zwischen Wannsee und Griebnitzsee den Stadtforst Potsdam, die S 8 zwischen Blankenburg und Birkenwerder die Rieselfelder und den Borgsdorfer Forst und die S 75 wie die S 9 zwischen Pichelsberg und Stresow ein Stückchen Grunewald.

Bei den Straßenbahnen der BVG können die Linie 61 zwischen Fürstenwalder Damm und Rahnsdorf, Waldschänke und die Linie 68, die Uferbahn, zwischen Grünau und Schmöckwitz, Am Seeblick als Berliner Waldbahnen firmieren. Durch Wälder fahren aber vor allem die privaten Linien am Stadtrand, die im Land Brandenburg enden, so die 87 zwischen Rahnsdorf und Woltersdorf, Goethestraße und die 88 zwischen Friedrichshagen und Schöneiche, Waldstraße. Früher gab es zudem die Linien von Tegel nach Heiligensee und Tegelort.

Bei den Bussen finden wir Linien, die durch die Köpenicker Wälder (168, 369, X 69 und 737), den Tegeler Forst (133 und 222), die Jungfernheide (133) und den Grunewald führen (218 und 316).

Und streich ich durch die Wälder, / und zieh ich durch die Felder. / Halli, hallo, halli, hallo, / mein' Lust hab ich daran.

Vom Hampelmann zu Daisy

Über Zugzielanzeiger

Um zu begreifen, wie wichtig Zugzielanzeiger sind, machen wir es wie der Bömmel in der *Feuerzangenbowle*: *Da stelle mer uns mal janz dumm.* Wir stellen uns also vor, dass wir auf einen Bahnsteig der U- oder S-Bahn kommen und nirgendwo einen Hinweis finden, wohin der nächste Zug fährt. Verloren sind wir da, und Panik kommt auf.

Um dem abzuhelfen, gab es früher die sogenannten Hampelmänner. Das waren etwa drei Meter hohe Gestelle aus Gusseisen, aus denen Schilder mit den Namen der Zielbahnhöfe für die jeweilige Fahrtrichtung mit einem Hebelzug ausgefahren werden konnten. Das Zugzielschild fuhr dann wie der Arm eines Spielzeug-Hampelmanns in die Höhe.

Den Hampelmännern folgten die Transparentkästen, die unterm Bahnsteigdach hingen und zumeist in acht Feldern mögliche Zielbahnhöfe anzeigten. Manchmal wurden diese noch durch Angaben wie *Kurzzug*, *Nicht einsteigen* oder *Ansage beachten* (in weißer Schrift auf rotem Untergrund) ergänzt.

Heute ist das alles ganz anders. Auf den Bahnhöfen der U-Bahn dominiert Daisy, das »dynamische Auskunfts- und Informationssystem«. Auf den Anzeigen kann ich in orangefarbener Schrift auf schwarzem Grund lesen, was ich zu erwarten habe, zum Beispiel: *U 2 Pankow in 3 min.*

Auf vielen S-Bahnhöfen gab es früher einen Fallblatt-Zugzielanzeiger, bei dem die einzelnen Linien mit ihren Farbkennzeichnungen angezeigt wurden. Es fehlten jedoch Angaben darüber, wann der nächste Zug abfuhr.

Auf der Ring- und der Stadtbahn hängen heute die Ge-

genstücke zu Daisy hoch über unseren Köpfen: die dynamischen Zugzielanzeiger, die mit LCD-Technologie in weißer Schrift auf blassblauem Hintergrund Linie, Ziel, die wichtigsten Haltestellen, die Zeit bis zur Abfahrt des nächsten Zuges und die Zuglänge anzeigen.

Auf dem Bahnhof Westkreuz (tief) wird für Menschen, die auf andere warten, manchmal noch ein besonderer Kundendienst geboten. Dort ist des Öfteren zu lesen: *S 5 – Zug endet hier in 10 min. Nicht einsteigen!*

Wunderbar! Da aber überall fürchterlich gespart wird, kehrt man auf einigen S-Bahnhöfen, auf denen nur eine Linie stets in dieselbe Richtung fährt, zur Steinzeit zurück. Dort montiert man feste Schilder, auf denen nur die wichtigsten Haltestellen der jeweiligen Linie angegeben werden. Zum Beispiel steht auf dem Schild am Bahnhof Zehlendorf nur *S 1 Oranienburg über Schöneberg, Potsdamer Platz, Bornholmer Straße, Schönholz.* Abweichungen werden über Lautsprecher durchgesagt – für Hörbeeinträchtigte ist das bestimmt nicht sonderlich erfreulich.

Aber was nützt mir die schönste Information, wenn mein Gehirn nicht mitspielt? Neulich stehe ich auf dem Bahnhof Schöneweide, lese auf dem Zugzielanzeiger *Westend* und steige ein, weil ich denke: Der fährt über Südkreuz. An der Haltestelle Tempelhof aber fällt mir ein, dass ich ja eigentlich zum Südstern will, also in Neukölln aus- und in die U 7 hätte umsteigen müssen ...

Manchmal stelle ich mich nicht nur dumm an, sondern stehe auch dumm da.

Sanft entschlafen

Über das Schlafen während der Fahrt

Schlafen ist eigentlich etwas, das man alleine tut, es sei denn, es steht ein »Bei« vor dem Schlaf. Es soll ja Menschen geben, die es auf einsamen Außenstrecken, zum Beispiel auf der S 8 zwischen Blankenburg und Birkenwerder, im Triebwagen gewagt haben, ihr Triebleben voll zu entfalten. Aber lassen wir das ...

Wieso eigentlich? Gerade an Freitag- und Samstagabenden wäre ein Beischlafwagen im Berliner Personennahverkehr keine schlechte Idee. Das Wort Verkehr legt einem eine solche Forderung geradezu in den Mund. Doch zurück zum Schlaf ohne etwas (da)bei.

Schlafen ist ein durchweg positiv bewerteter Zustand – vielleicht mit Ausnahme des ewigen Schlafs –, und Schlaflosigkeit ist eine ernstzunehmende Krankheit. Um ihr zu entgehen, schlafen viele Leute auch in Bahnen und Bussen. Ich hatte einmal einen Studenten, dessen Baby konnte nur schlafen, wenn es die Eltern nachts im Auto durch Berlin kutschierten. Das Gefahren-Werden hat also eine sehr einschläfernde Wirkung, ist aber auch mit Gefahren verbunden. Zum einen kann man traumatisiert werden, wenn man gerade sanft entschlafen ist und es schrill zu klingeln oder sonst wie zu tönen beginnt, weil sich die Türen schließen und niemand eingeklemmt werden soll. Zum anderen ist es ungünstig, wenn einem im Schlaf der Kopf zur Seite kippt und auf der Schulter eines anderen Fahrgastes landet. Fällt mein Kopf mit einem Ruck nach hinten, habe ich oft das miese Gefühl, gerade von einer Guillotine geköpft zu werden, so sehr knirschen und knacken dann meine Halswirbel.

Im Schlaf kann man aber auch bestohlen werden, oder man erwacht irgendwann und findet sich auf dem Abstellgleis wieder. Und wer tut das schon gerne? Wie auch immer, auf längeren Strecken sollten U- und S-Bahn über die Einführung besonderer Schlafsitze nachdenken, gegen einen gewissen Aufpreis natürlich. Denn eines steht fest: Der Schlaf sorgt dafür, dass einem die Fahrzeit wesentlich kürzer vorkommt, als sie wirklich ist.

Vom Glück des Umsteigens

Über Übergänge

»Ohne ein einziges Mal umzusteigen!« Fragt man einen Kundigen nach der besten Verbindung von A nach B, so schließt er seine Erläuterungen gern mit diesem Ausruf, der bedeuten soll, dass man so ganz bequem an sein Ziel kommt. Im Umkehrschluss besagt dies, dass Umsteigen unbequem und lästig ist. Wer die Verhältnisse auf bestimmten Bahnhöfen kennt, zum Beispiel Leopoldplatz oder Berliner Straße, wird dem kaum widersprechen wollen. Zudem wird im offiziellen Sprachgebrauch bei der BVG und S-Bahn nicht das Wort Umsteigen verwendet, sondern Übergang. Und wir wissen, dass schon mancher Übergang ein tragisches Ende genommen hat, so der von Hannibal über die Alpen und der von Napoleon über die Beresina. Aber übergehen wir das. Thematisieren wir lieber, was am Umsteigen positiv und lustvoll ist, sodass es zu einem echten Erlebnis wird.

Auf dem U-Bahnhof Alexanderplatz können wir lernen, nicht in Panik zu verfallen, wenn wir nicht mehr wissen, wo vorn und hinten, oben und unten, Norden, Osten, Süden und Westen ist. Trotz meines hohen Alters ist es mir noch nie gelungen, den richtigen Ausgang oder den kürzesten Weg zur S-Bahn zu finden, wenn ich mit der U 2, U 5 oder U 8 dort angekommen bin.

Das Gedränge an den Bahnhöfen Berliner Straße, Friedrichstraße, Leopoldplatz und Zoologischer Garten ist bestens dazu geeignet, uns auf bevorstehende Katastrophen vorzubereiten, zum Beispiel auf einen Ostsee-Tsunami, der als Folge des Klimawandels zu erwarten ist. Es kann uns aber auch für kosmische Topevents wappnen wie die Landung von Außerirdischen. Inzwischen schicken ja schon die führenden Clubs des American Football ihre Spieler zum Gedrängetraining nach Berlin.

Wie gesagt, jedes Umsteigen ist ein wunderbares Erlebnis. Schon die Frage, ob ich im anderen Zug einen besseren Platz ergattern kann, ist ungeheuer spannend. Außerdem umweht mich beim Umsteigen der hehre Mantel der Geschichte, denn ich bin dabei eingebunden in Obamas großartiges Programm, das da heißt: *Change*. Um das zu begreifen, gibt es in den S-Bahn-Zügen entsprechende Durchsagen: »*Passangers to Olympiastadion, please, change here.*« Der Hooligan, der unterwegs ist, um vor einem Hertha-Spiel möglichst viele Schalke-Fans zu verprügeln, wandelt sich, nachdem er dies gehört hat, zum sanften Schäfchen.

Vergessen wir auch nicht, was der Hirnforscher Radjvindar Amygdala herausgefunden hat, nämlich dass häufiges Umsteigen, besonders bei älteren Menschen, die Gehirnzellen anregt. Es kann also durchaus gesagt werden: Wer umsteigt, hat mehr vom Leben.

Weil das so hoffnungsvoll klingt, sollte man bald wieder spezielle Umsteigefahrscheine ausgeben, wie es sie in meiner Jugend gab.

Hier stehe ich

*Über den Kampf um einen Sitzplatz
und Fahrgäste, die lieber stehen*

Wenn jemand fragt: »Wie lange haben Sie heute gesessen?«, dann kneifen die meisten Menschen die Augen
zusammen und gucken böse. Trotzdem schaue ich mich,
besteige ich einen Zug oder Bus, sofort nach einem freien
Sitzplatz um. Denn wie lautet noch die alte Berliner Weis-
heit? Besser schlecht gesessen als gut gestanden. Keiner
steht sich ja gerne die Beine in den Bauch. Tut man es öfter, wird man, so scheint es, immer kleiner. Hinzu kommt,
dass sich die Bandscheiben ärgern und mit einem Prolaps
reagieren können. Manche Mitbürger sind von solch pa-
thologischer Stehangst befallen, dass sie geradezu nach
einem Sitzplatz gieren und sich beim Kampf um ihn ähnlich verhalten wie Rugbyspieler bei der Rauferei um das
lederne Ei.

Andererseits gibt es aber auch Menschen, die würden
sich in Bahnen und Bussen nie hinsetzen, sondern stehen
immer – meistens anderen im Weg. Das heißt, sie stellen
sich genau in den Ein- und Ausstiegsbereich. Wäre ich
Mediziner, würde ich sagen, sie haben Hämorrhoiden. Als
Soziologe aber sehe ich das anders und unterstelle ihnen
eine Reihe von Motiven:

> *Sie rechnen sich größere Chancen des Entkommens aus*
> Die krankhafte Angst vor engen Räumen und unter-
> irdischen Röhren sowie vor allerlei möglichen Katastro-
> phen, beispielsweise Tunnelbränden, ist nicht selten.
> Wer davon befallen ist und trotzdem U- und S-Bahn
> fahren muss, der stellt sich gern an eine Tür.

> *Sie streben nach der Kontrolle über andere*
Türsteher ist ein anerkannter und machtvoller Beruf. Wer nun in diesem Gewerbe keinen Job bekommt oder Amateur bleiben will, der stellt sich in Bahnen und Bussen an eine Tür. Indem er sich dort breitmacht, signalisiert er: Der Wagen ist voll, versuch es woanders! Macht er sich dünn, lädt er damit andere zum Einsteigen ein. Früher, als die Türöffner nur von Fahrgästen betätigt werden konnten, die ein längeres Krafttraining hinter sich hatten, war die Rolle dieses Typ Menschen noch viel wichtiger.

> *Sie wollen ihre Fitness betonen*
Sitzen ist etwas für Alte und Gebrechliche sowie Warmduscher und Weicheier. Wer ein echter Mann ist, der steht gern, lange und kraftvoll – beim Macho kreist ja generell das ganze Denken nur um das, was steht.

> *Sie haben aus ideologischen Gründen etwas gegen das Sitzen*
Konservative Menschen erinnern sich noch mit Schrecken an die Zeiten der Sit-ins und der Sitzblockaden, zum Beispiel an die in Mutlangen beim Kampf gegen die NATO-Raketen vom Typ Pershing II (»Lieber Petting statt Pershing!«). Und allgemein wird das Wort sitzen ja auch im Sinn von »eine Gefängnisstrafe verbüßen« gebraucht, ist also negativ besetzt.

> *Sie haben Hämorrhoiden und/oder eine angeknackste Bandscheibe*
Ich kann mich noch gut an die Zeit nach meiner Bandscheiben-OP erinnern. Damals hat jeder Schienenstoß Höllenqualen ausgelöst, wenn ich während der Bahnfahrt gesessen habe. Stand ich, konnte ich relativ schmerzlos weite Strecken zurücklegen.

> *Sie fahren nur ein, zwei Stationen*
> Für den, der nur ein paar Minuten unterwegs ist, scheint
> es vom Kraft- und Zeitaufwand her wenig ökonomisch
> zu sein, sich zu einem Sitzplatz durchzukämpfen, zumal
> wenn er einen Rucksack umgeschnallt hat und sich dann
> beim Aufstehen wieder mühsam in die Höhe stemmen
> muss.

Vielleicht ist aber alles viel einfacher und keine Wissen-
schaft nötig, um das Verhalten der Nichtsitzer zu erklären.
Vermutlich haben sie einfach keinen freien Sitzplatz entdecken können. Womit ich wieder beim Sitzen und den
Sitzen angekommen wäre.

Niemand bleibt ja gerne sitzen. Der Ausruf »Du Sitzenblei-
ber!« beleidigt ein Schulkind zutiefst. Aber auch Erwachsene bleiben mitunter sitzen, wenn es heißt: »Bitte alles
aussteigen, der Zug endet hier!« Entweder sind sie einge-
schlafen, oder sie haben vergessen, eine neue Batterie in
ihr Hörgerät zu setzen, oder sie sind zu betrunken, um den
Worten aus dem Lautsprecher einen bestimmten Sinn zuzuordnen. Damit sie nicht auf dem Abstellgleis landen,
werden sie vom Zugführer oder anderen Bediensteten mit
der Güte eines Sozialarbeiters aus dem Wagen geholt und,
falls sie randalieren oder einfach umfallen, an die Polizei
weitergereicht.

Aber nun zu den Sitzen: Wir unterscheiden in den Zügen
vor allem Quer- und Längssitze. Quersitze gestatten es mir,
die Knie anderer Menschen zu berühren und, handelt es
sich dabei um eine attraktive Frau, an Lustvolles zu denken
(*Was machst du mit dem Knie, lieber Hans, / mit dem Knie,
lieber Hans, beim Tanz?*). Dagegen gestatten Längssitze stehenden Fahrgästen, ihre sadistischen Triebe auszuleben,
indem sie mir Sitzendem auf die Füße und die Hühneraugen treten oder mir bei einer schnellen Drehung um die
eigene Achse ihren Rucksack um die Ohren schlagen.

Die Hartschalensitze in manchen U-Bahn- und Straßen-bahn-Zügen sind eine Qual für mich, da ich leider nicht über das verfüge, was im Berliner Jargon ein »fetter Arsch« genannt wird, sondern nur mit ungepolsterten »Sitzhö-ckern« ausgestattet bin, sodass längere Strecken für mich recht schmerzhaft werden können.

»Jugend forscht« sollte sich auch einmal darum kümmern, ob harte oder weiche Sitze besser sind für Menschen, die Hämorrhoiden haben. Auch Friedrich der Große litt daran, von ihm ist aber nicht überliefert, dass er jemals mit der Berliner U-, S- oder Straßenbahn gefahren ist. Vielleicht hat er sich dem verweigert – aus Ärger darüber, dass der S- und der U-Bahnhof Friedrichstraße nicht nach ihm benannt worden sind, sondern nach jenem Vorfahren, der als Fried-rich II. 1688 Kurfürst von Brandenburg und als Friedrich I. 1701 König in Preußen wurde.

»Friedrichstraße!«

Ich springe auf, denn ich will ja zum Jaron Verlag in die Dorotheenstraße, um dort über das Buch zu sprechen, das Sie gerade – herzlichen Dank für den Kauf! – in der Hand halten.

Treppauf, treppab

Über Treppen und Rolltreppen auf Bahnhöfen

Gibt es U- und S-Bahnsteige, auf die man gelangen kann, ohne Treppen hinauf- und hinablaufen zu müssen? Ja, beispielsweise auf den S-Bahnhöfen Oberspree und Spindlersfeld sowie dem U-Bahnhof Hönow. Sie sind aber absolute Ausnahmen.

Treppen sind für mich immer ein Problem. Geht es hinauf, dann lege ich in einem gewaltigen Tempo los, um mir zu beweisen, wie fit ich immer noch bin. Kommen die letzten Stufen, schlage ich lang hin, zu Deutsch, ick falle uff die Schnauze. Nicht wegen Konditions- oder Luftmangels, sondern weil mein linkes Bein urplötzlich jede Kraft verliert. Das liegt daran, dass mir vor zwölf Jahren wegen eines bösartigen Sarkoms über fünfzehn Zentimeter eines Muskelstrangs herausgeschnitten wurden. Nun sollen Menschen auch im hohen Alter noch lernfähig sein – ich nicht.

Geht es eine Treppe hinunter, überkommt mich die Fallangst. Manche Treppen sind so steil, dass man sich vorkommt wie ein Skiflieger auf einer Sprungschanze. Schön, ich könnte mich am Geländer festhalten, aber das ist nun echt uncool und erinnert mich immer an Tante Trudchen (aus *Brennholz für Kartoffelschalen* und den Nachfolgebänden). Die war Putzfrau und wusste, wie schmutzig und unhygienisch öffentliche Treppengeländer sein können. Folglich war sie immer mit einem gelb-rot-blau karierten Putztuch unterwegs und hat es auf die Bahnhofstreppengeländer gelegt, bevor sie sich an diesen festgehalten hat. Sie hat es also zwischen ihre Hand und den hölzernen Umlauf platziert, ehe sie den Ab- oder Aufstieg begonnen hat. O wie schön ist nicht nur Panama, sondern auch die Rolltreppe als solche! Auf einer Rolltreppe, also ohne jeden Kraftaufwand, nach oben zu kommen, ist ein herrliches Gefühl. In diesem Zusammenhang steht auch der »Rolltreppeneffekt« von Paturi. Der ist der Überzeugung, dass in einer Organisation derjenige am schnellsten aufsteigt, der nicht richtig arbeitet, sondern stattdessen an seinem Image arbeitet. Auf Bahnhöfen kommt man am schnellsten nach oben, wenn man eine Rolltreppe benutzt und zusätzlich ihre Stufen hinaufläuft. Deshalb stand früher an Rolltreppen immer angeschrieben: *Links gehen, rechts stehen!* Heute ist das aus der Mode gekommen, sodass auch links gestanden und eilig nach oben strebenden Menschen der Weg versperrt wird.

Ärgerlich ist es auch, wenn man auf eine defekte Rolltreppe gerät und auf den hohen Stufen mühsam nach oben klettern muss. Da das schon als Sport und damit als gesundheitsfördernd gelten kann, wird im Berliner ÖPNV reichlich für defekte Rolltreppen gesorgt.

Für mich als Kind war es aber das Schönste, auf einer aufwärtsfahrenden Rolltreppe nach unten zu rennen und damit die Welt der Erwachsenen zu konterkarieren und gleichsam aufzuheben. Solch Verhalten ist aus existenzphilosophischer Sicht höchst wertvoll, denn *Auflehnung gibt dem Leben seinen Wert* (Albert Camus). Oder *Nur tote Fische schwimmen mit dem Strom* (Quelle ungewiss).

Keine Beförderung ohne Bedingung

Über die Beförderungsbedingungen
bei U- und S-Bahn

Seit wir Juristen in der Familie haben, lese ich vor Antritt einer Fahrt im Bereich des Verkehrsverbundes Berlin-Brandenburg (VBB) zumeist die Beförderungsbedingungen und stutze dabei des Öfteren ...

So sind nach Paragraf 3, Absatz 1 *Personen mit ansteckenden Krankheiten* von der Beförderung ausgeschlossen. Ich werde aber dennoch andauernd von anderen Fahrgästen angehustet, solchen mit und solchen ohne TBC, und niesen die, fliegen die dabei entstehenden feinen Tröpfchen wie Geschosse auf mich zu und klatschen mir ins Gesicht.

Nach Paragraf 4, Absatz 2 ist es den Fahrgästen untersagt, *die Türen eigenmächtig zu öffnen*. Was soll das heißen? Muss ich immer erst einen Antrag stellen und vielleicht auch noch schriftlich, wenn ich zwecks Besteigens oder Verlassens eines Zuges oder Busses ohne Erlaubnis eines Triebfahrzeugführers oder Bahnhofsbeamten eine Tür öffnen will?

Auch Paragraf 4, Absatz 3 bringt mich in arge Verlegenheit: *Es ist zügig ein- oder auszusteigen sowie in das Wageninnere aufzurücken*. Ich bin ein zügiger Ein- und Aussteiger und ärgere mich jedes Mal über die Schnecken vor mir. Darf ich die nun schubsen und ihnen in die Hacken treten, um dem Gesetz Genüge zu tun? Andererseits rücke ich eigentlich nie ins Wageninnere vor, weil ich mich dort noch mehr eingepfercht fühle als sonst schon und jede Chance einbüße, an meinem Zielbahnhof aussteigen zu können, ohne vorher durch die Mangel gedreht zu werden und einiges an Körpervolumen einzubüßen.

Mit großer Freude lese ich dagegen Paragraf 4, Absatz 6:

Bei Verunreinigungen von Fahrzeugen, Betriebsanlagen oder Betriebseinrichtungen geringen Ausmaßes werden Reinigungskosten in Höhe von 20,00 EUR berechnet. Das mildert meine Angst, bei einstündigen und längeren Aufenthalten auf freier Strecke dem Drang meiner Blase nicht mehr Herr werden zu können. Irgendein geschütztes Eckchen wird es in dem Wagen schon geben, und das sind mir die zwanzig Euro wert, zumal man ja bei McClean auch schon fast einen Euro zahlen muss.

Bange Gefühle kommen in mir bei Paragraf 5, Absatz 2 auf: *Das Betriebspersonal ist berechtigt, Fahrgästen Plätze zuzuweisen.* Kann etwa der Triebfahrzeugführer kommen, mich von meinem mühsam eroberten Sitzplatz hochreißen und sagen: »Sie haben gefälligst da zu stehen, wo andauernd die Fahrräder umfallen!«?

Kopfschmerzen macht mir auch Paragraf 11, Absatz 1: *Jeder Fahrgast darf nur ein einsitziges, zweirädriges Fahrrad mitnehmen.* Was mache ich nun mit dem Einrad, das ich meiner Enkeltochter schenken will? Ich werde wohl einen Kurs für Zirkusartisten belegen müssen, um es auf dem Einrad von Wilmersdorf nach Frohnau zu schaffen.

Und wer fragt nach *meinen* Bedingungen, damit ich überhaupt mit den Berliner Bahnen und Bussen fahren will und nicht den Gebrauch meiner Füße, das Besteigen eines Fahrrads, das Bestellen einer Taxe oder den Kauf eines Personenkraftwagens dem ÖPNV vorziehe? Da mich niemand danach fragt, bin ich Mitglied in einigen Fahrgastverbänden geworden. In deren Zeitschriften, zum Beispiel *Signal* und *Berliner Verkehrsblätter*, steht dann geschrieben, was ich mir wünsche.

Kein Roman ohne Bahn

Über eine meiner schriftstellerischen Macken

Meine Besessenheit von Bahnen und Bussen hat zur Folge, dass in jedem meiner Romane, sofern sie in Berlin spielen, x Fahrten mit diesen Transportmitteln vorkommen. Im dokumentarischen Kriminalroman *Wie ein Tier* taucht die S-Bahn sogar im Untertitel auf: *Der S-Bahn-Mörder*. Das ist eine Art Nestbeschmutzung, und ich entschuldige mich bei jeder Lesung dafür. Aber Paul Ogorzow (1912–1941), der acht Morde und sechs Mordversuche in der S-Bahn und ihrer Nähe begangen hat, hat es nun einmal wirklich gegeben. Fiktiv dagegen ist die Verbrecherjagd im Krimi *Schau nicht hin, schau nicht her*, den ich zusammen mit meinem Leipziger Freund Steffen Mohr geschrieben habe. In diesem Roman versucht ein Hauptmann der MUK (Morduntersuchungskommission) Potsdam 1988, einen West-Berliner Täter zu fassen. Er folgt ihm in die U-Bahn, kann ihn aber nur in Ost-Berlin festnehmen lassen – indem er einen Nothalt entweder auf einem der Geisterbahnhöfe oder auf dem Transitbahnhof Friedrichstraße auslöst.

In meinen »Kartoffel-Romanen« ist der Held Manfred Matuschewski unzählige Male mit Bahnen und Bussen unterwegs. In *Capri und Kartoffelpuffer* tritt sogar ein Straßenbahnfahrer auf, der Onkel Klaus, der Manfred eines Abends im März 1954 in einem menschenleeren Zug der Linie 15 einmal selbst an die Kurbel lässt. Diese Figur ist angelehnt an Klaus Reineck, dessen Erinnerungen in meinem Buch *Noch jemand ohne Fahrschein?* enthalten sind.

U- und Hochbahn satt, wie die Norddeutschen sagen, bietet der Roman *Das Attentat auf die Berliner U-Bahn*. In ihm geht es um den Bau der ersten Berliner U-Bahn-Strecke (vom Stralauer Thor zum Zoologischen Garten und Potsdamer Platz), die am 15. Februar 1902 mit einer sogenannten Ministerfahrt eröffnet worden ist. Wie gesagt: Kein Roman ohne Bahn.

Moment mal, da bekomme ich gerade eine E-Mail. Ah, die ist von meinem treuen Fan und Leser Jürgen Cz. aus Spandau bei Berlin. Er findet jeden Fehler in meinen Büchern, und für korrigierte Nachauflagen ist er unentbehrlich.

Lieber Herr Bosetzky,
die Überschrift dieses Abschnitts können Sie so nicht stehen lassen, denn es gibt ganz bestimmt einen Roman ohne Bahn: den vom falschen Waldemar.

Richtig, *Der letzte Askanier* spielt in den Jahren 1319 bis 1357.

Endstation, alles aussteigen bitte!

Über den Reiz von Endbahnhöfen und -haltestellen

Meine Lieblingstante Gerda hat während des Kriegs in der Ilsenburger Straße gewohnt. Wenn wir sie besuchten, sind wir immer von Neukölln mit der U-Bahn angereist. Hinter dem Bahnhof Deutsche Oper ging es auf der Stummelstrecke zum Richard-Wagner-Platz, und dort endeten die drei Gleise im Sandbett vor dem Prellbock. Das war unfassbar, denn ein Zug war damals für mich etwas Gottähnliches. Und hier gab es auch für ihn kein Weiterkommen und keinen freien Willen mehr. Ende, umkehren! Noch heute stehe ich mit überwältigenden Gefühlen vor Prellböcken wie etwa denen auf den Bahnhöfen Warschauer Straße, früher – und viel logischer – Warschauer Brücke (U 1), Ruhleben (U 2), Innsbrucker Platz (U 4), Teltow Stadt (S 25) oder Spindlersfeld (S 47).

Die meisten Züge bei der Straßenbahn gibt es wohl an der Endstelle am Hackeschen Markt zu sehen, das heißt auf den vier Abstellgleisen in der Großen Präsidentenstraße (M 4, M 5). Kurios ist die neue Endhaltestelle der M 2 direkt vor dem S-Bahnhof Alexanderplatz, denn dort hören die Rillenschienen urplötzlich auf, ganz ohne Prellbock, und es beginnt der Asphalt.

Am idyllischsten aber sind die Endhaltestellen der Buslinien in den Berliner Außenbezirken. Fast zwei Jahrzehnte lang habe ich bei meinen Spaziergängen mit Hund und Kinderwagen den 120er Bus (früher Linie 12) in Frohnau an der Hainbuchenstraße stehen sehen und bei Ausflügen mit dem Rad den 124er in Alt-Heiligensee oder den 222er in Alt-Lübars.

Ach ja, da könnte man schon mit Tennessee Williams *End-*

station Sehnsucht ausrufen, aber zum einen ist das Theaterstück ja nicht die Beschreibung einer Idylle, sondern die einer Katastrophe, und zum anderen hat der Autor den Titel nicht vom Namen einer Buslinie übernommen, sondern von dem einer stillgelegten Straßenbahn in New Orleans, der *desire line*.

Wo ich besonders gern ein- und aussteige

Über meine Lieblingsbahnhöfe
und Bahnhöfe, die ich lieber meide

Bevor ich auf meine Lieblingsbahnhöfe eingehe, muss ich noch darauf hinweisen, dass die meisten Bahnhöfe der Berliner U- und S-Bahn betriebstechnisch gesehen gar keine sind. Eigentlich handelt es sich dabei nur um Haltepunkte, denn Bahnhöfe sind Bahnanlagen mit mindestens einer Weiche, wo Züge beginnen, enden, ausweichen oder wenden dürfen. Stationen aber sind sie alle – auch Stationen meines Lebens.

Meine ersten Heimatbahnhöfe waren der U-Bahnhof Rathaus Neukölln und der S-Bahnhof Kaiser-Friedrich-Straße, der 1939 in Braunauer Straße umbenannt wurde und heute Sonnenallee heißt. Steht man dort auf dem Bahnsteig und blickt Richtung Osten, sieht man die Züge hoch oben auf dem Damm dahinziehen.

Meine Lieblings-S-Bahnhöfe sind Grünau und Ostkreuz. In Grünau sind Manfred Matuschewski und ich immer ausgestiegen, um dann weiter mit der 86 zu unserer innig geliebten Schmöckwitzer Oma zu fahren. Den Bahnhof Ostkreuz (alt) mochte ich, weil dies ein wunderschöner Museumsbahnhof war und man vom Bahnsteig der Ringbahn einen einzigartigen Blick auf die Innenstadt hatte, der mich insbesondere bei Sonnenuntergang und zu frühen Nachtstunden geradezu lyrisch werden ließ, so herrlich war er. *Heil den unbekannten / Höhern Wesen, / Die wir ahnen!* (Goethe, *Das Göttliche*)

Einmalig in Berlin ist auch der Bahnhof Wuhletal, wo S- und U-Bahn-Züge am selben Bahnsteig halten.

U-Bahnhöfe, die in meiner Gunst stehen, sind Warschauer Straße, Heidelberger Platz und Alexanderplatz. Der Bahnhof Warschauer Straße erinnert mich an die Urzeiten der Berliner U- und Hochbahn und das Schreiben meines Romans *Das Attentat auf die Berliner U-Bahn*. Am Heidelberger Platz steige ich öfters ein, und jedes Mal denke ich, ich würde mit der Moskauer Metro fahren. Der Alexanderplatz fasziniert mich, weil er sozusagen drei Bahnhöfe vereint und Raum genug vorhanden ist, des großen schwedischen U-Bahn-Architekten Alfred Grenander zu gedenken. Nie werde ich begreifen, welchen Weg ich nehmen muss, um dort ans Tageslicht zu kommen, wo ich es gerne möchte. Immer lande ich woanders.

O wie schön sind doch die Grenander-Bahnhöfe wie Alexanderplatz oder Hermannplatz und auch die auf der Schöneberger U 4 und der Wilmersdorfer U 3 – vergleicht man sie mit dem, was der Leipziger Rainer G. Rümmler den West-Berlinern an Bahnhöfen geschenkt hat! Milde Kritiker sagen, das seien eigentlich Theaterkulissen. Befinde ich mich auf einem von ihnen – Rohrdamm beispielsweise –, denke ich immer, ich sei in der Psychiatrie gelandet, so wirr sehen die Hintergleiswände mitunter aus.

Für »Jugend forscht« wäre die Mohrenstraße ein besonders interessantes Objekt. Es sollte endgültig geklärt werden, wie die Sage entstanden ist, dass der Marmor, mit dem die U-Bahn-Station ausgekleidet ist, nicht aus einem Steinbruch in Thüringen stammt, sondern aus der Reichskanzlei.

Wer am Projekt »Schildbürgerstreiche in Berlin« arbeitet, komme bitte zu meinem Heimatbahnhof Bundesplatz, wo man vor einigen Jahren einen viel frequentierten Eingang einfach zugemauert hat, den an der Ecke Wexstraße.

Ich merke gerade, dass ich alles zurücknehmen muss, was ich über meine Lieblingsbahnhöfe bei U- und Hochbahn gesagt habe, denn meine absolute Nummer eins steht bei mir im Zimmer, natürlich nur als Diorama: Hallesches Tor. Nachgebildet ist dort der aufgeschnittene Tunnel mit den zu ihm passenden »Eulen«, auf der Hochbahn fährt gerade ein A 1-Zug ein, bestehend aus drei Wagen, zwei gelben Trieb- und einem roten Beiwagen für die Raucher. Auf der Straße stehen diverse alte Straßenbahnen und Busse.

Noch ein paar Worte über die Bahnhöfe, die ich aufgrund persönlicher Erlebnisse gar nicht mag. Wenn ich Osloer Straße, Hermannplatz oder Neukölln um- oder einsteigen muss, fühle ich mich immer ein wenig bedroht, denn es laufen da viele Typen herum, von denen man annehmen kann, dass bei ihnen das Messer recht locker sitzt. Zudem gibt es dort oft Gedränge. Das gilt auch für Leopoldplatz. Die Rücksichtnahme auf ältere Menschen war einmal.

Wenig schön ist auch der Bahnhof Schloßstraße, der so tief unter der Erde liegt, dass man jeden Augenblick mit dem Ausbruch flüssiger Lavamasse rechnen muss.

Noch einmal zurück zum Bahnhof Hermannplatz. Dort sollte ich im Rahmen der Reihe »Neukölln liest«, begründet vom wackeren Kasim Erdogan, eine Lesung im verwaisten Glaskasten des Bahnhofsvorstehers halten, den es ja aus Kostengründen nicht mehr gibt. Ein Mikrofon war noch vorhanden. Welche großartige Idee! »Geht nicht!«, hieß es aber von Seiten der BVG. Der Journalist Kemal Hür, damals beim RBB beschäftigt, erwirkte daraufhin bei der BVG die Erlaubnis, mich im Zwischengeschoss am Ausgang Richtung Karl-Marx-Straße lesen zu lassen. Gut und schön ... Zum vereinbarten Termin ließ ich mich dann in einer entlegenen Ecke auf einem mitgebrachten Kissen nieder und begann zu lesen. Da die Sache angekündigt war, umringten mich auch alsbald an die zehn, fünfzehn Zuhörer. Sofort kam aus einer der stählernen Türen mit der Aufschrift *Personal* ein BVGler angeschossen, um uns – trotz unserer Genehmigung – wegen Behinderung des Fahrgastflusses vom Platz zu verweisen. Das war nun mehr als lächerlich, denn diesen Ausgang benutzte kaum jemand, zudem hätten an uns Hunderte von Fahrgästen vorbeigepasst. Erst

als Kemal Hür drohte, ein Kamerateam vom RBB herbei-
zuholen, durfte ich weiterlesen.

In der Rubrik »Ungeliebte Bahnhöfe« ist aber zuallererst
der U-Bahnhof zu nennen, auf dem meine Mutter fast
zu Tode gekommen wäre. Die Mauer ist gefallen, und wir
kommen aus Hellersdorf von einem Besuch bei Edith Blu-
menthal, die uns das erste Mal Ende 1944 begegnet ist,
als wir auf dem Bauernhof ihrer Eltern in Groß Pankow
evakuiert waren. Sie lebt mit ihrem Mann in der Stendaler
Straße. Es ist ein ebenso heiterer wie besinnlicher Abend,
und so gegen 21 Uhr wollen wir wieder nach Hause. Eine
Taxe nach Neukölln ist meiner Mutter zu teuer, und wir be-
schließen, mit U- und S-Bahn zu fahren. Ich habe das Bild
noch vor Augen, als wäre es erst gestern gewesen. Als wir
eine lange Treppe hinuntergehen, hält sie sich nicht am Geländer, sondern an meinem rechten Jackenärmel fest. Sie
stürzt, und ich kann sie nicht halten. Sie zieht mich mit in
die Tiefe, und ich kann gerade noch zur Seite springen, um
nicht auf sie zu fallen. Mein Sturz geht glimpflich aus, sie
aber bleibt regungslos liegen, denn sie ist mit dem Hinter-
kopf auf eine der Betonstufen geschlagen. Ich muss annehm-
men, dass sie tot ist. Ich rufe um Hilfe. Andere Fahrgäste
und die Stationsaufsicht erscheinen, rufen 112 an, und
die Feuerwehr bringt uns ins nahe Lichtenberger Oskar-
Ziethen-Krankenhaus. Meine Mutter kommt wieder zu
sich, man durchleuchtet sie und stellt nichts fest. Ihre dicke, filzartige Mütze hat ihr das Leben gerettet. Um Mitternacht wird sie nach Hause entlassen.

Und nun kommt die Pointe: Sosehr ich mir auch das Gehirn
zermartere, ich komme nicht auf den Namen des Bahnhofs, auf dem sie gestürzt ist. Welch schönes Beispiel für
Verdrängung!

Wer wartet, zu dem kommt alles

Über die tagtäglichen Flüche im Berliner ÖPNV

Das Warten ist bei älteren Menschen schon von vornherein negativ besetzt – denn wie haben unsere Eltern und Großeltern in unserem Beisein immer gesungen? *Warte, warte nur ein Weilchen, / bald kommt Haarmann auch zu dir, / mit dem kleinen Hackebeilchen / macht er Schabefleisch aus dir.* Der Mann hat es auch zu einem längeren Eintrag bei Wikipedia gebracht, der folgendermaßen beginnt:

Friedrich »Fritz« Heinrich Karl Haarmann (* 25. Oktober 1879 in Hannover; † 15. April 1925 ebenda) war ein Serienmörder, der wegen Mordes an 24 Jungen und jungen Männern im Alter von 10 bis 22 Jahren vom Schwurgericht Hannover am 19. Dezember 1924 zum Tode verurteilt wurde.

Das Haarmann-Lied könnte also die Ursache meiner Abneigung gegen das Warten sein. Vielleicht ist die aber auch darauf zurückzuführen, dass ich oft in Wartezimmern von Ärztinnen und Ärzten sitze, mit dem Elend meiner Mitmenschen konfrontiert werde und nicht anders kann, als den Viren und Bakterien auch in meinem Körper eine sichere Heimstatt zu geben. Denn der Besuch der Neuköllner Albert-Schweitzer-Schule hat mich für mein Leben geprägt, stand doch an deren Eingang der Spruch des großen Arztes, Musikers und Humanisten: *Hab Ehrfurcht vor dem Leben!* Und Viren und Bakterien gehören schließlich auch zum Leben.

Grund für meine Abneigung gegen das Warten mag aber auch eine gewisse genetische Programmierung sein, denn schon meiner Mutter wurde nachgesagt, sie habe »Hummeln im Hintern«. Verstärkt wird das alles durch die Tatsache, dass ich geborener Berliner bin und es zu dieser Stadt gehört, dass andauernd alles in Hetze ist.

»Verstehe ich nicht, wo deine Urgroßeltern doch zu erheblichen Teilen aus dem Wartheland kommen«, kalauert Manfred Matuschewski. »Und du kennst doch den Kalenderspruch *Alles kommt zu dem von selbst, der warten kann.«*

Da mag er recht haben, denn bis jetzt habe ich noch nie auf einem Bahnhof oder an einer Haltestelle vergeblich auf einen Zug, eine Straßenbahn oder einen Bus gewartet – gekommen sind sie immer. Bis auf die Male, als gestreikt wurde.

Ich genieße Schadenfreude pur, wenn Menschen an Haltestellen warten und nicht wissen, dass gestreikt wird. Dieser Anblick ist noch schöner, als zu beobachten, dass jemand an einer Bedarfsampel steht und steht und steht, weil er nicht weiß, dass er vorher ein Knöpfchen drücken muss.

So ungeduldig ich ansonsten auch bin, auf Bahnhöfen und an Haltestellen genieße ich das Warten zumeist. Dabei habe ich stets die Melodie aus der Operette *Marietta* im Ohr: *Warte, warte nur ein Weilchen, bald kommt auch das Glück zu dir.* Das Glück ist schon da, denn ich habe bereits so viele Katastrophen überlebt und denke an einen weisen Satz meines Vaters: »Freu dich, dass du auf der Erde bist und nicht runterfällst!« Ich sehe Menschen, schöne Frauen, an denen sich meine Fantasie entzünden kann, fiese Männer, die ich im nächsten Kriminalroman zum Mörder oder auch Opfer werden lasse, Kinder, die so süß sind, dass ich sofort zu meiner Enkeltochter fahren möchte, und arme Teufel im Rollstuhl oder mit Rollator, die mich an das erinnern, was auch mir in nicht allzu weiter Zukunft droht.

Aber heute ist heute, und ich stehe auf dem Bahnhof Gesundbrunnen, warte auf die Ringbahn S 42, erfreue mich, als würde alles auf meiner Modellbahn passieren, an den

Zügen, die sich Richtung Oranienburg und Bernau und Richtung Schönhauser Allee oder Friedrichstraße aus dem Bahnhof schlängeln. Weit hinten sehe ich den silbernen IC nach Binz einfahren und ein paar Gleise davor den roten RE nach Elsterwerda.

In meinem Gehirn feuern die Neuronen, und Erinnerungen werden wach. Ich steige Gesundbrunnen aus der Ringbahn und laufe zum Herthaplatz, der gleich am S-Bahn-Graben gelegen ist. An diesem Sonnabend geht es an der »Plumpe« im Spiel gegen Viktoria 89 um die Berliner Meisterschaft. Wann war das noch mal? 1960 vielleicht oder 1961 ...

Verdammter Mist! Jetzt ist mir doch vor lauter seligem Schauen und Sinnieren mein Zug auf der anderen Seite des Bahnsteigs vor der Nase weggefahren. Dabei hatte ich es so eilig wie lange nicht.

Auf Brücken stehen und Züge sehen

Über ganz spezielle optische Genüsse
eines Bahnbesessenen

Eigentlich dürfte ich als Verehrer Theodor Fontanes nie auf einer Brücke stehen, denn ich habe sein Gedicht *Die Brücke am Tay* ständig im Kopf und weiß, dass sie jeden Augenblick einstürzen kann: *Hei! / Wie Splitter brach das Gebälk entzwei. / Tand, Tand / ist das Gebilde von Menschenhand.* Aber dennoch verharre ich immer wieder, wenn ich über eine Brücke gehe und unter mir Gleise, Gleisharfen, Züge und Bahnhöfe sehe.

Auf der Elsenbrücke am Treptower Park habe ich, hoch über der Spree, auf der einen Seite die S-Bahn unter mir, und drehe ich mich um, sehe ich in einiger Entfernung einen gelben U-Bahn-Zug auf der wunderbar mittelalterlich anmutenden Oberbaumbrücke dahinschleichen.

Von der Weidendammer Brücke geht der Blick hinauf zum Bahnhof Friedrichstraße, und die gelb-roten S-Bahn-Züge rollen in Richtung Hauptbahnhof. Ebenso schön ist es, von der Schillingbrücke Richtung Westen zu blicken, wo ständig Züge auf den Viadukten der Stadtbahn entlangziehen. Auf der Warschauer Brücke hat man gleich alles: die Straßen- und die Hochbahn hinter sich und die Gleise im Vorfeld des Ostbahnhofs mit diversen S-, Regional- und Fernbahnzügen unter sich.

S-, Regional- und Fernbahnzüge lassen sich auch am Bahnhof Gesundbrunnen bestaunen – von der Badstraßenbrücke aus.

Wie und wo aber kann man U-Bahn-Züge von einer Brücke aus bewundern? Ganz einfach: an der Strecke der jetzigen U 3 zwischen Podbielskiallee und Krumme Lanke, über die die Königin-Luise-Straße, die Thielallee, die Clayallee, die

Onkel-Tom-Straße und einige andere Straßen hinwegführen. Stehe ich auf einer dieser Straßen und schaue zum U-Bahn-Graben hinunter, sehe ich zuerst den Fahrer unten im Führerstand und dann nur noch graue Dächer. Ich stürze zur anderen Seite der Brücke, um zu denken: O wäre ich doch ein todesmutiger Stuntman! Dann spränge ich jetzt auf den Zug hinunter und führe oben auf dem Dach bis zum nächsten Bahnhof mit wie im Wilden Westen. Aber ich sehe nur noch die roten Schlusslichter, dann schlängelt sich der gelbe Wurm um die nächste Kurve.

Am häufigsten aber habe ich auf der Fußgängerbrücke gestanden, die sich zwischen den Bahnhöfen Heidelberger Platz und Hohenzollerndamm über S- und Autobahn spannt und den Namen Hoher Bogen trägt. Denn die lag auf meiner Walkingstrecke. Obwohl nassgeschwitzt und bei kaltem Wind vom Tod bedroht, habe ich dort ausgeharrt, bis ein Zug aufgetaucht ist. Bei den Linien S 41 und S 42 musste es einer der Baureihe 481, eine sogenannte »Taucherbrille«, bei der S 46 einer der Baureihe 480, ein »Toaster«, sein. Und dies spielte sich alles vor einer einzigartigen Stadtlandschaft mit ICC und Funkturm am Horizont und Wolkentürmen ab, die aus den Schornsteinen des Kraftwerks Reuter-West und des Klärwerks Ruhleben in den Himmel steigen. Berlin kann ja so schön sein!

Was bleibt mir, da ich selbst kein Lyriker bin, als es mit einer Nachdichtung zu versuchen? Das heißt, ich nehme Emanuel Geibels *Minnelied* und verändere die achte und die neunte Zeile in meinem Sinne:

Es gibt wohl manches, was entzücket,
Es gibt wohl vieles, was gefällt;
Der Mai, der sich mit Blumen schmücket,
Die güldne Sonn' im blauen Zelt.
Doch weiß ich eins, das schafft mehr Wonne,
Als jeder Glanz der Morgensonne,

Als Rosenblüt' und Lilienreis:
Das ist mir ernst und ohne Lüge,
Zu sehen U- und S-Bahn-Züge
Davon nur Gott im Himmel weiß.

Du kriejst jleich wat uffs Maul!

Über meine Ängste beim Bahnfahren

Natürlich weiß ich über Zugunglücke im Berliner ÖVPN so einigermaßen Bescheid. Bei der U-Bahn steht die Katastrophe vom 26. September 1908 am Gleisdreieck mit siebzehn Toten und achtzehn Schwerverletzten ganz oben, bei der Ringbahn ist es der Unfall zwischen den Bahnhöfen Gesundbrunnen und Schönhauser Allee vom 27. Juni 1922 mit mindestens 45 Toten und ungefähr fünfzig schwerverletzten Fahrgästen. An diesem Tag – übrigens dem Tag der Beisetzung Walter Rathenaus – streikte das Personal von U-, Straßenbahn und Bus, sodass die Züge der (noch nicht elektrifizierten) Ringbahn rettungslos überfüllt waren und viele Fahrgäste auf den Trittbrettern der Abteilwagen standen. Eine der Abteiltüren, an die sich ein Mann mit einem Rucksack geklammert hatte, ging während der Fahrt plötzlich auf. Da aus seinem Rucksack eine Stange ragte und diese in den Bereich der Gegenfahrbahn geriet, riss er zahlreiche Trittbrettfahrer eines entgegenkommenden Zuges in den Tod.

Das müsste mir nun Angst machen, aber die habe ich beim Bahnfahren nicht, sondern nur beim Fliegen.

Mit Angst erfüllt mich allerdings der Anblick von Neonazis und von fanatischen Hertha-Fans. Erstere haben etwas gegen mich, weil ich die antirassistische Aktion »Gesicht zeigen!« unterstütze und zudem mit meinem Zopf häufig mal für einen »scheiß Schwulen«, mal für einen »scheiß Linken« gehalten werde. Oft beginnt das Anpöbeln mit »Mensch, da kommt ja Karl Lagerfeld!«. Die Hertha-Ultras hassen mich, weil die *Berliner Zeitung* im März 2010, nachdem die Berliner das für den Abstieg entscheidende Spiel gegen Nürnberg verloren hatten, einen Artikel von mir mit der Überschrift *Hertha auf die Müllkippe des Berliner Fußballs!* veröffentlicht hat. Nun, normalerweise tippe ich so einen Text in den Computer, lasse ihn ein paar Tage »ablagern«, verbessere ihn immer wieder und gebe die x-te Fassung der Gefährtin meines Lebens zu lesen. In diesem Falle aber hatte mich die Zeitung im Krankenhaus angerufen, in das man mich gerade mit 39,2 Grad Fieber und einer schweren Lungenentzündung eingeliefert hatte. Deshalb habe ich dem Redakteur alles spontan diktiert – mit dem Ergebnis, dass man mir in vielen E-Mails nicht gerade angedroht hat, mich zu ermorden, aber doch immerhin, mich fürchterlich zu verprügeln.

Ein halbes Jahr später komme ich an einem Sonnabendnachmittag vom Gesundbrunnen und sitze nichts ahnend vorn in der S-Bahn. Da muss ich erleben, wie an der Station Westkreuz Scharen von Hertha-Fans den Zug entern. Sie sind auf Krawall gebürstet und bringen den Wagen so zum Wippen, dass der Triebwagenführer aus Angst vor einer Entgleisung nicht weiterfahren will. Was hatte ich Angst, dass mich die wild gewordene Horde erkennt!

Da lernste Leute kenn'n!

Über Menschentypen in Bahnen und Bussen

Ich kann nie verstehen, warum Kollegen von der schreibenden Zunft sich entweder total einigeln, weit draußen auf dem flachen Lande wohnen oder in Berlin mutterseelenallein mit ihren Autos durch die Stadt fahren. Wie soll man da dem Volke aufs Maul schauen, wie es Martin Luther schon 1530 gefordert hat?

Früher war es, zumindest in der S-Bahn, einfacher festzustellen, welcher sozialen Schicht ein Fahrgast zuzuordnen war. Denn damals gab es eine feudal eingerichtete erste Klasse mit edlen Hölzern und Polstersitzen und eine spartanische zweite Klasse mit Holzbänken, die von dem schwedischen Einrichtungshaus hätten sein können, wenn es das damals schon gegeben hätte. Heute ist auch ein gutverdienender Manager mit Schlips und edlem Maßanzug, der auf dem Hauptbahnhof angekommen ist und sich in die klassenlose Berliner S-Bahn verirrt hat, gezwungen, lange bange Minuten hautnah mit Krethi und Plethi zu verbringen.

Ich habe nach jahrzehntelanger verdeckter Beobachtung in Bahnen und Bussen eine Reihe von Fahrgasttypen kennengelernt:

> *Der ganz normale und völlig unauffällige Fahrgast*
> Er entspricht dem Menschen, der zum Arzt geht und klagt: »Herr Doktor, ich leide darunter, dass mich keiner wahrnimmt.«
> Der Arzt sagt nur: »Der Nächste bitte!«

> *Der an Logorrhö erkrankte Fahrgast*
> Die Logorrhö ist eine neurologische Erkrankung, die

man auch als krankhafte Geschwätzigkeit bezeichnen kann. Der an ihr leidende Fahrgast lebt sich in den öffentlichen Verkehrsmitteln aus. Er nimmt neben einem Platz oder besser noch gegenüber von einem, findet sofort einen Anknüpfungspunkt und überschüttet einen dann mit einem verbalen Wasserfall, etwa nach folgendem Muster: »Oh, Entschuldigung, dass ich Sie getreten habe! Na, hoffentlich haben Sie keine Hühneraugen! Ich komme gerade von meiner Podologin und kann Ihnen ein Lied davon singen ...«

Schlimm ist es vor allem, wenn sich Leute, die sich kennen, in der Bahn oder im Bus treffen und allesamt an Logorrhö leiden.

> *Der phobische Fahrgast*
An dieser Stelle möchte ich aus meinem S-Bahn-Buch zitieren, weil ich es heute nur schlechter darstellen könnte: *Eine Phobie ist die abnorme und unkontrollierbare Furcht vor Objekten und Situationen, und der phobische Fahrgast leidet zumeist unter mehreren von ihnen. So vor allem der Klaustrophobie, der krankhaften Angst vor geschlossenen Räumen, S-Bahnzügen beispielsweise (wobei das Zuknallen der Türen dann der Auslöser ist und jeder Tunnel ein gehöriger Verstärker), der Angst vor Unfällen (Zusammenstößen und Entgleisungen), der Höhenangst (bei Fahrten über Brücken [...]), vor allem aber der Sozialphobie, der krankhaften Angst, von anderen beim Einsteigen in einen S-Bahnzug angestarrt und quasi wie mit Röntgenstrahlen durchleuchtet, entkleidet und erforscht zu werden. [...] Dieser Typ möchte sich am liebsten unsichtbar machen [...].*

> *Der am Kesselschlachten-Syndrom erkrankte Fahrgast*
Auf der Stadt- und Ringbahn kommen die Züge alle naselang, die U-Bahn verkehrt in der HVZ alle fünf Minu-

ten, die M-Busse alle zehn, und trotzdem denken viele Fahrgäste, der gerade einlaufende Zug oder der sich nahende Bus sei der letzte bis in alle Ewigkeit und sie müssten, kämen sie nicht mit, elend verhungern, verdursten oder erfrieren. Dieser Typ Fahrgast kämpft sich, während noch ausgestiegen wird, wie ein Spieler beim American Football oder Rugby durch das dichteste Gedränge nach vorn, um einen Sitzplatz, wenigstens aber einen guten Stehplatz zu ergattern.

> *Der machtgeile Fahrgast*
Bei dem Psychotherapeuten Alfred Adler lese ich: *Das Gefühl der Minderwertigkeit, der Unsicherheit, der Unzulänglichkeit ist es, das die Zielsetzung im Leben erzwingt und ausgestalten hilft. Bereits in den ersten Tagen der Kindheit macht sich der Zug bemerkbar, sich in den Vordergrund zu drängen, die Aufmerksamkeit der Eltern auf sich zu lenken, zu erzwingen. Das sind die ersten Anzeichen für das erwachte Geltungsstreben des Menschen, das sich unter der Einwirkung des Minderwertigkeitsgefühls entwickelt und das Kind dazu führt, sich ein Ziel zu setzen, bei dem es der Umwelt überlegen erscheint.*
Moderne Therapeuten schicken Patienten, die in diese Kategorie fallen, offenbar zur Therapie in den öffentlichen Nahverkehr, wo sie sich voll austoben können. Da steht der Patient mitten in der Tür und lässt diejenigen, die einsteigen wollen, an sich abprallen und zwingt sie, zu anderen Einstiegen zu hasten, da lümmelt er sich in den Sitzbuchten, legt seine schmutzigen Füße auf die Sitze gegenüber und bildet somit eine schwer überwindbare Schranke, da belegt er freie Plätze mit Aktentaschen, Rucksäcken und dergleichen, da platziert er sein mitgeführtes Fahrrad so, dass sich andere ihre Sachen mit dem Öl seiner nie geputzten Kette beschmieren, da telefoniert er so laut per Handy, dass

für seine Mitreisenden eigene Gespräche wie auch ein kleines Nickerchen unmöglich werden. Die Botschaft ist klar: Hier stehe ich, hier ist der Nabel der Welt! Bei so viel übertriebenem Gefühl des Selbstwertes und der Einmaligkeit wäre es besser gewesen, Professor zu werden. Aber dem Menschen das zu sagen würde mir einen längeren Aufenthalt im Klinikum Neukölln einbringen.

> *Der olfaktorisch unangenehm auffallende Fahrgast*
Es ist erstaunlich, wonach ein Mensch, insbesondere ein Mann, alles riechen kann, nach Schweiß, Urin, Erbrochenem, Sperma, Zigarettenrauch und Zahnfäule. Oft hält dieser Typ von Fahrgast eine angebrochene Bierdose in der Hand und trägt eine Hose, die mich an folgenden Witz erinnert: Kommt ein Mann nach Hause und sagt zu seiner Frau: »Ich soll morgen zum Arzt und Urin, Kot und Sperma mitbringen.« Sie antwortet: »Gib ihm doch deine Cordhose.«

> *Der Fahrgast mit In-Ear- oder Bügelkopfhörern*
Ach, wie hatte Deutschlands größter Humorist, wie hatte Wilhelm Busch doch recht! *Musik wird oft nicht schön gefunden, / Weil sie stets mit Geräusch verbunden.* Wummm! Wummm! Es wummert ununterbrochen, und wenn ich nicht so skrupellos wäre, dann würde am nächsten Tag in der Zeitung stehen: *Krimilegende -ky begeht ersten eigenen Mord!*

> *Der körperkontaktsuchende Fahrgast*
Dieser Fahrgasttyp ist zu 99,5 Prozent männlich und muss in den ihn prägenden Jahren pausenlos *Ich liebte ein Mädchen im Wedding* von Ingo Insterburg & Co. gehört haben. Schlimm wird es, wenn sein Verhalten in den Straftatbestand der Frottage übergeht. Gefährdet

sind dabei durchaus nicht nur Frauen: Als heranwach-
sende Jungen hatten wir uns ständig vor fummelnden
Männern in Acht zu nehmen.

> *Der Fahrgast ohne Fahrschein*
Sogenannte Schwarzfahrer können vielerlei Gründe für
ihr Handeln angeben: erstens ihren Geldmangel, zweitens eine besondere Ideologie, nämlich die des Null-
tarifs, drittens ihre Vergesslichkeit (keinen Fahrschein
gekauft, Monatskarte zu Hause gelassen) und viertens
den mit dem Schwarzfahren verbundenen Nervenkitzel
(Kommt ein Kontrolleur, oder kommt keiner?).

> *Der konzentriert arbeitende Fahrgast*
Er macht das S- oder U-Bahn-Abteil, weniger den Bus,
zu seinem mobilen Büro, telefoniert mit dem Handy,
rechnet Provisionen aus, lernt für Prüfungen, macht
Hausaufgaben, liest Klausuren seiner Studierenden und
macht sich Notizen über Fahrgasttypen.

> *Der lesende Fahrgast*
Das ist leider eine aussterbende Gattung, und wenn
jemand Belletristik liest, dann ist es zumeist eine Frau
aus der Generation meiner älteren Tochter. Immer wenn
ich einen solchen Fahrgast mit Buch entdecke, dann
versuche ich, verdeckt zu ermitteln, ob es eines meiner
Werke ist. Ich habe es noch nie erlebt, und langsam wird
es einer der großen Wunschträume meines Lebens. Was
habe ich früher immer über meine Freundin Eva Renzi
gelästert! Wurde diese wunderbare und hochintelli-
gente Schauspielerin beim Einsteigen in einen Zug oder
Bus von jemandem erkannt, dann war sie anschließend
glänzend gestimmt. Erkannte sie aber niemand, dann
wurde es ein dunkler Tag für sie.

> *Der hingegeben über sein iPhone wischende Fahrgast*
Steige ich mit meiner erheblich jüngeren Gefährtin des Lebens und unserer Tochter, die achtzehn Jahre alt ist, in die Bahn oder den Bus, fangen beide sofort an, ihre Geräte einzuschalten, eine Nachricht nach der anderen zu lesen und zu beantworten, nach dem besten Café weit und breit zu googeln und so weiter und so fort. Mich nehmen sie bis zu meinem Ausruf »Wir müssen jetzt aussteigen!« nicht mehr wahr.

> *Der nervende Unterhaltungskünstler*
Auf dem Neuköllner Hinterhof, auf dem ich aufgewachsen bin, hing ein großes gelbes Schild, auf dem mit dicker schwarzer Farbe geschrieben stand, dass das Musizieren strengstens untersagt sei. Die Leierkästenmänner hielten sich nicht daran. Aber die Melodien, die sie durch gekonntes Drehen an der Kurbel (vulgo leiern) ihrer Walze entlockten, wären heute gut genug für eine Show im Privatfernsehen. Dagegen grenzt das, was heutzutage sogenannte Musiker auf ihren Gitarren oder Akkordeons spielen, oft an Körperverletzung.

> *Der speisende Fahrgast*
Er hat sich auf einem Bahnhof eine Currywurst oder Streuselschnecke gekauft und isst diese in der Bahn.

> *Der sich selbst inszenierende Fahrgast*
Er hat sich so aufgebrezelt, dass er von allen beachtet wird und eine Menge narzisstischen Glücks genießt.

> *Der wunderbare Fahrgast*
Den gibt es leider nicht. Er würde mich wie folgt ansprechen: »Entschuldigung, sind Sie nicht der Horst Bosetzky? Schön, dass ich Sie einmal treffe! Ich habe alle Ihre Bücher gelesen.«

> *Der Roofrider*

Es gibt aber auch Fahrgäste, die nicht in, sondern auf die S- oder Hochbahn steigen, das heißt, sie klettern auf deren Dach und fahren auf dem mit. Irgendwann aber gibt es immer eine Tunneleinfahrt oder eine Straßen- oder Signalbrücke, wo der Abstand zwischen Dach und Brückenträger beziehungsweise Tunneleinfahrt nur dreißig Zentimeter beträgt.

Roofriding heißt diese Art des Bahn-Surfens und endet meistens mit dem Tod. Der *Tagesspiegel* berichtet am 13. April 2015 mit einer Überschrift, die gut zu einem Krimi passen würde, von einem tödlichen Ritt auf dem Dach: *Der Tod kam nach dem vierten Bahnhof.* Von der Brücke am Bahnhof Botanischer Garten waren zwei Jugendliche von achtzehn und neunzehn Jahren auf die S-Bahn gesprungen und auf fünf Bahnsteigen nicht bemerkt worden, ehe vor dem Bahnhof Nikolassee eine der besagten Signalbrücken kam.

Auch auf der Hochbahn hat es das Roofriding mit Todes-folge schon einige Male gegeben, meines Wissens aber noch nie bei Bussen.

Natürlich kann man die Nutzer des öffentlichen Nahver-kehrs auch bereits nach ihrem Warteverhalten unterschei-den. Hier seien noch einige Typen der Wartenden genannt, die ich bereits in meinem U-Bahn-Buch *Tegel – Zurückblei-ben bitte!* aus dem Jahr 1999 beschrieben habe (wobei sich vieles auch auf S- und Fernbahnhöfe und Bushaltestellen übertragen lässt):

> *Die Ruhelosen*

Sie wandern pausenlos von einem Bahnsteigende zum anderen, leiden an einer Art Erwachsenen-ADHS und bräuchten wohl Ritalin.

> *Die Einstiegsoptimierer*
Sie positionieren sich nach der Berechnung der Zuglänge und der an der Hintergleiswand angebrachten Haltetafel so an der Bahnsteigkante, dass sie beim Halt des Zuges nicht vor der Lücke zwischen zwei Wagen stehen, sondern genau vor einer Tür. Auch bei Bussen versuchen sie zu antizipieren, wo ihr Gefährt halten wird, denn oft werden die Haltestellen von mehreren Linien bedient.

> *Die Angewurzelten*
Sie sind das genaue Gegenteil der Ruhelosen. Sie verharren an einer x-beliebigen Stelle, als seien sie eine Figur auf meinem Diorama und am Boden festgeklebt. Ihre Blicke gehen ins Nichts und lassen darauf schließen, dass sie im autogenen Training, der Selbsthypnose und einer asiatischen Kontemplationstechnik geübt sind.

> *Die Fußschwachen*
Nach dem Betreten des Bahnhofs oder dem Ankommen an der Haltestelle sinken sie sofort auf eine Bank und fühlen sich dort so wohl, dass sie sich vom einlaufenden Zug oder einem herannahenden Bus nur ungern stören lassen.

> *Die Kaufenden*
Sie decken sich an den Kiosken auf dem Bahnsteig oder der Haltestelle mit Zigaretten, Süßigkeiten und Zeitschriften ein.

> *Die Kindzentrierten*
Sie haben für nichts ein Auge und denken nur an die optimale Brutpflege, egal, ob der Nachwuchs im Wickeltuch getragen wird, im Kinderwagen liegt oder schon auf eigenen Füßen stehen kann.

> *Die Abholenden*
> Sie begrüßen ihre Gäste schon an der Haltestelle.

> *Die Taschendiebe*
> Vor denen wird auf Bahnsteigen regelmäßig per Laut-sprecherdurchsage gewarnt.

> *Die Selbstmörder*
> Sie sehen auch nicht anders aus als du und ich.

Dass manche Fahrgasteinschätzung auch falsch sein kann, zeigt folgendes Erlebnis meines türkischstämmigen Freundes Suat, der Busfahrer bei der BVG ist.

Er ist auf dem Weg zur Arbeit auf der U 6 unterwegs, und ihm gegenüber sitzt ein Schwarzer. Da kommt ein Kontrolleur in Zivil, sieht ihn grinsend an und sagt: »Na, hat der Neger keinen Fahrschein?«

Suat springt auf und flüstert dem Kontrolleur ins Ohr: »Du, Kollege, kann ich mal deinen Dienstausweis sehen? Du hast dich wohl im Ton vergriffen.«

Dann steht auch der Diskriminierte auf, hält in der einen Hand einen gültigen Fahrschein, in der anderen einen Dienstausweis der Kripo und sagt zu dem Kontrolleur. »Der Neger hat beides, wie Sie sehen, und bittet Sie, auf der nächsten Station auszusteigen, damit er Ihre Personalien aufnehmen kann.«

Straßenbahn

Bimm, bimm, die Elektrische kommt ...

Über meine Liebe zur Straßenbahn

Private Kraftfahrzeuge gab es 1938, in dem Jahr meiner Geburt, nur wenige. Weder meine Eltern noch Verwandte besaßen einen Pkw, sodass ich schon in frühester Kindheit durch das Straßenbahn- und nicht durch das Autofahren geprägt wurde. Auch S- und U-Bahnen fanden mein gesteigertes Interesse, aber an erster Stelle stand die Straßenbahn. Dies rührt auch daher, dass die dicht an unserem Wohnhaus vorbeifuhr, nämlich die Sonnenallee entlang.

Meine Schmöckwitzer Oma, eine ungemein wichtige Bezugsperson für mich, hat immer gesungen: »Bimm, bimm, die Elektrische kommt mit dem Kontrolleur, / und wer keinen Groschen hat, der läuft hinterher.« Alle älteren Berliner sagten damals »Elektrische« und nicht »Straßenbahn«, sicher weil sie noch den Übergang von der Pferdebahn zum elektrisch betriebenen Verkehrsmittel miterlebt hatten. »Tram« sagt kein echter Berliner, vielleicht weil es nach Trampel klingt. Nur die Berliner Verkehrsbetriebe (BVG) haben das nicht begriffen und ärgern uns an allen Haltestellenschildern und auf den Fahrplänen mit ihrer saublöden »Tram«. Es müsste ein Gesetz gegen alles Unberlinische geben, nach dem die zu bestrafen sind, die »Tram« sagen oder »an Ostern« und »an Weihnachten« oder »Viertel vor sieben« statt »drei viertel sieben« und »Samstag« statt »Sonnabend«.

Zurück in die Vergangenheit ... Auf der Sonnenallee, vor allem in der Nähe des Hermannplatzes, verkehrten in meiner Kindheit mehr als ein Dutzend Linien. Wie die Jungs heute Automarken zu unterscheiden lernen, so lernte ich damals, die Baureihentypen der Straßenbahn zu unterscheiden.

Dabei war der T 24 mein Lieblingstriebwagen, weil er ein ebenso breites Gesicht hatte wie meine Schmöckwitzer Oma.

Im grauen märkischen Sand des Gartens meiner Oma habe ich als Junge immer die Strecke Grünau–Schmöckwitz nachgebaut und 86 gespielt. Das ist die heutige Linie 68, die Uferbahn. Die typischen Rillenschienen ließen sich mit dem losen Zuckersand jedoch nicht darstellen, deshalb rührte ich immer in großen Eimern und Schüsseln nassen Sand an (auf Berlinisch Eierpampe, in anderen Gegenden auch Matschepampe genannt). Wenn der dann austrocknete, war er so hart wie Beton. An richtige Modellbahnschienen (in HO oder der Spurbreite von Lehmanns Gartenbahn) war natürlich in den Jahren nach dem Krieg nicht zu denken. Bei heftigem Regen allerdings verschwanden meine Gleisanlagen im Nu wieder.

Als West-Berliner habe ich das Verschwinden der Straßenbahn – im Oktober 1967 war alles vorbei – mehr als bedauert und bin 1970 eigens nach Bremen ausgewandert, um tagtäglich Straßenbahn fahren zu können (mit der 2 von Sebaldsbrück in die Innenstadt). Das ist ein bisschen übertrieben, aber wirklich nur ein bisschen. Von einigen Berlin-Kennern mag nun der Einwand kommen, dass ich doch nur nach Ost-Berlin hätte fahren müssen, um Straßenbahnen im Überfluss zu haben. Aber eine Zeit lang durften wir West-Berliner ja die »Hauptstadt der DDR« gar nicht betreten, und später bekam man auch nur Passierscheine für dreißig Besuche im Jahr. Dass diese Ausflüge ins »sozialistische Ausland« für mich immer mit vielen Ängsten verbunden waren, sei nur nebenbei bemerkt.

Neben dem Mann an der Kurbel

Über meinen bevorzugten Platz in der Straßenbahn

Selbstverständlich war es uns Kindern nicht verboten, in der Straßenbahn einen Sitzplatz einzunehmen, doch faktisch hatten wir diese Chance nur selten, denn ein ungeschriebenes Gesetz lautete: Du hast artig aufzustehen, wenn ein Erwachsener keinen freien Sitzplatz finden kann. Und spätestens an der nächsten Haltestelle kam dann meist auch einer. Deshalb war es für uns Kinder eigentlich witzlos, uns ins Innere des Wagens zu begeben, auch wenn der Schaffner immer wieder rief: »Durchtreten bitte!« Wir verblieben viel lieber auf der vorderen Plattform. Die wurde vom Fahrer beherrscht, einem meist imposanten Mannsbild, dem Uniform und Dienstmütze hoheitliche Würde verliehen. Mit der linken Hand bediente er mittels einer Kurbel einen Nockenschalter, mit dem sich die Geschwindigkeit regulieren ließ. Besonders schnell drehte er die Kurbel herum, wenn die Höchstgeschwindigkeit erreicht war und er in den Leerlauf übergehen konnte. Tauchte die nächste Haltestelle auf, wurde gebremst. Dies tat er mit der rechten Hand, die sich während der Fahrt ständig am Bedienungsgriff des Sandstreuers befinden musste. *Vom Sandstreuer zur Handbremse ist erst dann überzugreifen, wenn die Geschwindigkeit des Zuges so gering ist, dass ein Stillstand unmittelbar bevorsteht oder mit der Handbremse sofort erreicht werden kann* (Paragraf 144 der Dienstanweisung). War eine Weiche umzustellen, dann trat der Fahrer vor das kleine Schiebefenster am rechten Rand des Führerstands, öffnete es, griff nach dem schwarzen Weicheneisen, das vorn am Wagen hing, und tastete damit nach einer Aussparung zwischen der beweglichen Weichenzunge und der festen Backenschiene, die nicht viel breiter war als ein Uhrenarmband und nicht länger als ein Zeigefinger. »Klack!« machte es, wenn ihm das Kunststück gelungen war, die Weiche einer Rillenschiene per Hand zu stellen. Wer es nicht schaffte, der musste aussteigen, um die Sache vom Pflaster aus zu erledigen, und hinnehmen, dass die Fahrgäste »Ungeschick lässt grüßen!« murmelten.

Links neben dem Fahrer zu stehen, seine Tätigkeit hautnah zu verfolgen und freie Sicht auf die Strecke zu haben war für mich so großartig, dass ich am liebsten mit dem *Freischütz* geschmettert hätte: *Ist fürstliche Freude, ist männlich Verlangen!*

Nebenbei: Rechts vom Fahrer konnte man sich auch platzieren, dann hatte man aber den Abgrund, das heißt den Ein- und Ausstieg neben sich. Denn sich schließende Türen (auf Berlinisch zu'e Türen) gab es bei Typen wie T 24, TF 3/25, TF 20/29 und den Maximum-Triebwagen nicht.

Fragte man mich als Zehnjährigen, was ich denn einmal werden wolle, dann kam prompt die Antwort: »Na, Straßenbahnfahrer!« Und warum bin ich es nicht geworden? Nun, es gab ja bei uns in West-Berlin keine Straßenbahn mehr. Zudem sollte ich nach dem Willen meines Vaters studieren und Oberpostrat werden. Als Mitglied der Evangelischen Kirche Berlin-Brandenburg-schlesische Oberlausitz müsste ich zudem sagen: Weil der Herr es so gewollt hat.

Vielleicht ist das auch gut so, denn wie schreibt der Straßenbahnfahrer Heinz Reineck in meinem Straßenbahnerinnerungsbuch von 1997? *Die Berliner Straßenbahn der Nachkriegszeit war bis zu ihrer Einstellung durchaus keine Operettenbühne, sondern ein sehr rauhes und für heutige Begriffe manchmal sogar primitives Arbeitsfeld.* Das muss sich herumgesprochen haben und scheint heute nicht anders zu sein, denn die BVG vermeldet, dass ihr Straßenbahnfahrer fehlen.

Ich erinnere mich an ehemalige Kollegen aus Süddeutschland, die sehr schnell bei der Straßenbahn angelernt wurden und sich ihr Studium als Aushilfsstraßenbahnfahrer finanziert haben. Das wäre doch ein schönes Modell für Berlin. Und wenn ich 2050 noch einmal auf die Welt kommen sollte, dann ...

Stube-und-Küche und andere Triebwagenreihen

Über die Typenvielfalt bei der Berliner Straßenbahn

Heutzutage gibt es in Berlin – wie auch in anderen Städten – nur noch wenige Typen von Straßenbahnen, und bei den Niederflurwagen gleicht ein Zug dem anderen. Früher war das anders.
Die wichtigsten Fahrzeuge möchte ich hier kurz vorstellen. In meiner Erinnerung dominieren die schon erwähnten Triebwagen T 24 (mit den Beiwagen B 24), von denen in den Jahren 1924 bis 1926 von acht verschiedenen Herstellern 501 beziehungsweise 800 Stück gebaut worden sind. Die Höchstgeschwindigkeit soll dreißig Stundenkilometer betragen haben, in meiner Wahrnehmung aber rasten die Züge T 24 / B 24 wie ein ICE dahin. Klaus Reineck, der Mann an der Kurbel, schreibt über sie:

Alle [...] Wagen waren sowohl beim Fahrpersonal als auch bei den Fahrgästen recht beliebt. Sie waren geräumig, durch die an einer Seite offenen Plattformen luftig und garantierten durch ihre Endeinstiege einen zügigen Fahrgastwechsel. Die Laufruhe während der Fahrt war gegenüber manchen anderen Fahrzeugtypen ebenfalls angenehm. Dann waren diese Wagen sehr robust und wenig störanfällig [...].

Ihr kantiges Design war eine Idee des renommierten Berliner Architekten Bruno Paul (1874–1968), der als ein Wegbereiter der modernen Zweckarchitektur gilt.
Besondere Bewunderung fanden bei mir die wuchtigen Maximum-Wagen mit ihren beiden Drehgestellen (TD 02/25 und TDS). Oft stand ich in Schmöckwitz am Gartenzaun und habe auf sie gewartet. Ich bin ebenso

gern mit ihnen gefahren, auch hier links neben dem Fahrer stehend, wenn es irgendwie ging. In jedem Wagen befanden sich acht Sitzreihen in der Anordnung zwei plus eins, die insgesamt 24 Fahrgästen Platz boten. Die Lehnen konnten, war der Zug an der Endhaltestelle angelangt, von den Schaffnern umgeklappt werden, sodass man immer in Fahrtrichtung saß. Im Innern der Wagen waren edle Hölzer verbaut, die Sitze waren gut gepolstert und mit grünem Plüsch bezogen.

Klaus Reineck lobt zwar die Laufruhe der Maximum-Triebwagen, ärgert sich aber über ihr Bremsverhalten:

Einige Fahrschalter bremsten normal, bei anderen dagegen stand der Wagen schon beim vierten Bremskontakt, natürlich mit entsprechendem Ruck. Dann neigten die Wagen dazu, bei nassem Wetter und besonders im Herbst bei Laubfall beim Bremsen wegzurutschen. Der Verbrauch an Bremssand war enorm.

Hoch im Kurs standen bei mir auch die Verbundzüge (TM 33 und TM 36), die an der Stirnfront schwarze dicke, schlangenartige Starkstromleitungen trugen, und die Mitteleinstiegswagen (TM 31 U). Klaus Reineck beschreibt diesen Typ folgendermaßen: *Sie fuhren schnell, zogen gut [...] und hatten ein charakteristisches, angenehmes Fahr- und Bremsgeräusch.* Er sieht aber auch den Nachteil, *daß bei starkem Andrang Verzögerungen beim Fahrgastwechsel auftreten konnten, weil dieser sich ja nur durch eine, wenn auch ziemlich breite Tür abspielte.*

Warum ich in meiner Kindheit so erpicht auf diesen Wagentyp war? Ganz einfach: Die Fahrer konnten in diesem Wagen sitzen, und zwar auf einem Sitz, der einem Thron nicht unähnlich war. Auf dem selbst Platz zu nehmen war mein Wunschtraum. Nun konnte man vorn im Wagen den Fahrer natürlich nicht vom Thron stoßen, aber den leeren

Sitz am Ende des Wagens oder Verbundzuges konnte man entern. Erwachsene machten auch in einer überfüllten Straßenbahn keine Anstalten, dort Platz zu nehmen, und auch Mädchen taten dies nicht. Dafür aber standen wir Jungs geradezu Schlange und kämpften erbittert um diesen rückwärtigen Fahrersitz. Hatte man ihn erobert, dann war es ein herrliches Gefühl, so durch die Stadt zu rollen, es waren die Highlights meines jungen Lebens.

»Horst, komm, wir müssen aussteigen!« Ertönte dieser Satz, dann verfluchte ich den, der ihn gerufen hatte. Leise natürlich, denn mit Strafen sparte man damals nicht, die reichten vom Anschnauzen über den Stubenarrest bis zum Einsperren in der Toilette oder dem Keller und Schlägen mit der Hand, dem Teppichklopfer oder dem Schürhaken.

Dem T 24 und Maximum-Triebwagen ähnlich waren die HAWA-Wagen (TF 20/29) aus der Hannoverschen Waggonfabrik, die übergroße Plattformen hatten. Dies führte dazu, dass sie bei schnellerem Fahren kräftig wippten. *Waren das Fahrgestell bzw. die Radkränze abgenutzt, was nach dem Krieg oft der Fall war*, heißt es bei Klaus Reineck, *kam dann zum Wippen noch ein kräftiges Hin-und-her-Schaukeln hinzu, so daß man sich auf einen Fischkutter bei hohem Wellengang versetzt fühlte.*

Auf alten HAWA-Fahrgestellen entstanden nach dem Krieg sogenannte Panzerzüge (TF 50), die vorwiegend auf der Linie 47 eingesetzt wurden und für uns Neuköllner wichtig waren, wenn wir mit dem 1. FC Neukölln gegen den TSV Rudow anzutreten hatten. Sie glichen Saunas auf Schienen, und wir waren schon vor dem Anpfiff total fertig.

Zu guter Letzt komme ich zu den »Stube-und-Küche«-Wagen (T 33 U). Ihr Spitzname ist auf ihre Unterteilung in ein Raucherabteil (die Küche) und ein Abteil für Nichtraucher (die Stube) zurückzuführen. Getrennt waren beide durch eine Schiebetür. Das Besondere an ihnen waren zudem die Teleskopschiebetüren an den Einstiegen. In

Neukölln wurden sie auf der Linie 94 eingesetzt (Oranien-platz–Schulenburgpark). Wir stiegen am Hertzbergplatz ein, wenn wir zum Hermannplatz oder zur Hochbahn Kott-busser Tor wollten. Stand man auf der vorderen Plattform, wurde es immer spannend, denn wenn der Wagen mal »voll bis oben ran« war, dann hing er so weit nach unten, dass der Fangkorb auf dem Pflaster schleifte und der Fahrer schrie: »Treten Se nach hinten durch, sonst könn' wa nich weita!«

In einem total überfüllten Stube-und-Küche-Triebwagen fand dann auch das statt, was in die RIAS-Sendereihe *Es geschah in Berlin* gepasst hätte – Überschrift: *Verbrecherischer Humor*. Mein Vater war glücklich aus sowjetischer Kriegsgefangenschaft heimgekehrt, wenn auch mit steifer Hüfte. Wir unternahmen viel miteinander und übten uns im biederen Frohsinn. Immer wenn wir an einem Kiosk vor-beikamen, an dem das Schild *Heiße Bockwurst* prangte, zog er seinen Hut, wandte sich dem Wurstverkäufer zu und sagte: »Angenehm, heiße Bosetzky.« Ging er die Treptower Straße entlang, in der wir seit dem Weltmeisterjahr 1954 wohnten, und ich sah ihn, von der Straßenbahnhaltestelle kommend, vor mir, dann schlich ich mich an ihn heran und schnippte mit dem Zeigefinger gegen seine Hutkrempe, sodass die Kopfbedeckung nach vorn rutschte und ihm die Sicht verdeckte. Dabei rief ich stets: »HO senkte die Prei-se!«

Den braunen Filzhut trug er auch an dem Tag, als wir auf der vorderen Plattform eines Stube-und-Küche-Wagens der 94 in der Menge eingeklemmt waren. Da konnte sich einer der Fahrgäste, der offenbar unter fortgeschrittener Flatulenz litt, nicht beherrschen und »ließ einen durch die Reihen schleichen«, das heißt, seine üblen Darmgase entwichen unhörbar. Es stank fürchterlich, doch niemand konnte die Flucht ergreifen. Dem Verursacher drohte zu-mindest die verbale Lynchjustiz. Da fragte ich Scherzkeks:

»Vati, musste das denn sein?« Mit hochrotem Kopf versprach der mir zischend die Höchststrafe.

Vergessen werden sollen nicht die Straßenbahntypen, die es in Ost-Berlin gegeben hat. Zu nennen sind die Reko-Züge, die im Volksmund Schweinebuchten hießen und in denen man sich auch im Sitzen festhalten musste, so sehr glichen sie Rüttel- und Schüttelsieben. Schaffner gab es nicht, dafür aber Zahlboxen, die wie eine Lostrommel aussahen. In diese musste man seine Alumünzen hineinwerfen. Man konnte auch Hosenknöpfe einschmeißen, seinen Fahrschein bekam man trotzdem. Ab 1976 tauchten dann die Tatra-Züge aus der ČSSR im Stadtbild auf. Sie donnerten heran wie Panzer und hießen in Leipzig Dubček-Schleudern, nach dem tschechoslowakischen Staatsmann. Der Boden des Wagenkastens befand sich so hoch über der Fahrbahn, dass ich meine greise Mutter beim Aussteigen immer wie beim Bergsteigen abseilen musste.

Was sind dagegen die Niederflurwagen (GT 6/8-08 ER/ZR Flexity Berlin) für komfortable Fahrzeuge, auch wenn sie für Fußgänger oft eine tödliche Gefahr darstellen!

Und wie es sich für einen echten Besessenen gehört, stehen bei mir zu Hause auf drei kleinen Dioramen alle genannten Wagentypen und viele andere noch dazu. Und wenn ich wieder einmal an meine Kindheitstage zurückdenke, dann schiebe ich meine H0-Modelle ein Stückchen hin und her.

Noch jemand ohne Fahrschein?

Über Straßenbahnschaffner und -schaffnerinnen

Nicht nur die Straßenbahnfahrer haben in meiner Kindheit eine ungeheure Faszination auf mich ausgeübt, sondern auch die Schaffnerinnen und Schaffner. Dies lag vor allem an dem Schnell- oder Galoppwechsler, den sie samt ihrer für Geld- und Fahrscheine bestimmten Tasche vor Brust und Bauch hängen hatten. Bei Wikipedia finden wir eine wunderschöne Definition für den besagten Gegenstand:

Als Galoppwechsler werden manuell bediente Münzgeldwechsel für Schaffner bezeichnet. [...] Galoppwechsler bestanden aus vier bis sechs Metallröhren für die verschiedenen Münzwerte, die oben je einen Einwurfschlitz hatten und unten einen Hebelmechanismus, der bei Betätigung jeweils genau eine Münze freigab. Das Abzählen von Wechselgeld wird dadurch vereinfacht. Das Gerät ist meist an Umhängetaschen befestigt.

Wenn ich könnte, würde ich ein Gesetz erlassen, das allen Menschen, die in Supermärkten oder beim Bäcker einkaufen, das Tragen eines Galoppwechslers zwingend vorschreibt. Denn immer wieder regen mich Menschen auf und lösen in mir beinahe Mordgedanken aus, wenn sie an der Kasse oder beim Kauf dreier Brötchen eine gefühlte Viertelstunde in ihrem Portemonnaie kramen, bis sie die zu zahlende Summe auf den Cent genau zusammenhaben. Zu meinem fünfzigsten Geburtstag habe ich mir einen solchen Galoppwechsler schenken lassen. Leider passen dort nur die Münzen aus alten D-Mark-Zeiten hinein ...
Aus neurobiologischer Sicht ist schwer erklärbar, warum

unser Gehirn so manche Nichtigkeit aus unserem Leben abspeichert, beispielsweise folgende kleine Begebenheit. Es muss so etwa vor siebzig Jahren gewesen sein, da steigt meine Mutter mit mir in Treptow (sowjetischer Sektor) in eine Straßenbahn. Sie fragt die Schaffnerin zur Sicherheit, ob der Zug auch wirklich nach Neukölln (amerikanischer Sektor) fährt. Antwort der BVGlerin: »Aba ja, meine Juteste, nach Newkölln imma!« Das »Newkölln« hat sich so bei mir festgesetzt, dass ich noch heute davon spreche.

In Berlin gibt es in der Straßenbahn ja schon lange keine Schaffner mehr. Dennoch denke ich immer noch an sie und möchte ihnen, wie das bei uns Straßen- und Kriegskindern Usus war, die Frage stellen, ob sie wohl einen Block für mich hätten. Von einem Block rissen sie die Fahrscheine ab, und wenn der dann leer war, benutzten wir ihn zum Spielen. »Schaffna, hast mal 'n Block?«

Auf der Suche nach zugestiegenen Fahrgästen gingen die Schaffner durch Trieb- und Beiwagen und riefen laut: »Noch jemand zugestiegen? Noch jemand ohne Fahrschein?« Oder: »Ist jemand noch nicht abgefertigt?« Spielte ich 1943/44 bei uns im Luftschutzkeller Schaffner und stellte ebendiese Frage, brummte garantiert einer von den Erwachsenen: »'n Fahrschein ins Jenseits, wat?«

So einfach, wie es von außen aussah, war das »Abkassieren« indes nicht. In einer Dienstanweisung aus dem Jahre 1956 ist die *Fahrgelderhebung* in drei Paragrafen geregelt. So heißt es unter dem Punkt 105:

Zahlungsmittel mit einem Nennwert von mehr als 20,– DM dürfen abgelehnt werden. [...] Kann der Schaffner nicht herausgeben, so hat er zu versuchen, das Geld bei den Fahrgästen seines Wagens oder bei anderen Schaffnern seines Zuges zu wechseln. Wenn nicht gewechselt werden kann, so ist der Fahrgast wegen Rückzahlung an die Verwaltung zu verweisen.

Neben dem Verkauf von Fahrscheinen war das »Abklingeln« die Hauptaufgabe des Schaffners. Dazu riss er an einem Lederriemen, der von der einen zur anderen Plattform durch den Zug ging. Abgeklingelt wurde an jeder Station, nachdem alle aus- und zugestiegen waren. Zuerst war der Schaffner auf dem zweiten Beiwagen an der Reihe, dann der im ersten Beiwagen und schließlich der auf dem Triebwagen. Erst auf dessen Signal hin durfte der Triebwagenführer weiterfahren.

An eiskalten Tagen betraten die Schaffner nur ungern eine der Plattformen, die keine Türen hatten, sie öffneten dann vom warmen Wageninnern aus nur eine kleine Schiebetür aus Messing, die nicht einmal die Größe eines Taschenbuches hatte. Stand man draußen, musste man durch diese seine Münzen reichen und seinen Fahrschein in Empfang nehmen. War das erledigt, wurde die Öffnung mit einem lauten Knall wieder geschlossen. »Klappe zu, Affe tot!«, hieß es dann bei den Älteren.

Eine weitere Aufgabe des Schaffners regelte der Paragraf 102 der Dienstanweisung: *Nach Abfahrt von einer Haltestelle ist die Bezeichnung der nächsten Haltestelle laut und deutlich auszurufen.* Das war – zumindest in meiner Erinnerung – etwas, das gerne vergessen wurde.

Bevor der Schaffner an der Endstation pausieren durfte, hatte er noch einmal viel zu tun, und diesem Tun wollen wir nun einen eigenen Abschnitt widmen.

Vorwärts immer, rückwärts nimmer!

Über Wendeschleifen und Kuppelstellen

Obwohl ich Erich Honecker immer auf den Mond ge-
wünscht habe, passt sein Ausspruch wunderbar hierher,
denn die Vorstellung, dass Straßenbahnen über längere
Strecken rückwärtsfahren können, ist absurd.

Wendeschleifen sind die einfachste Lösung, wenn es nach
Erreichen der Endhaltestelle auf den Rückweg gehen soll.
Aber sie benötigen – ebenso wie die Wendedreiecke – viel
Platz, sodass in Berlin nur wenige davon zu finden sind. In
der Innenstadt löste man das Problem an einigen Stellen
dadurch, dass man einen ganzen Häuserblock umrundete.
Am Neuköllner Hermannplatz zum Beispiel wendeten die
Züge der Linie 3, indem sie von der Hasenheide und der
Karl-Marx-Straße in die Hobrechtstraße fuhren, dort ihre
Pausen verbrachten, um dann über die Sonnenallee und
den Hermannplatz wieder in die Hasenheide zu gelangen.
Wollten sie in die Hobrechtstraße, mussten sie langsamer
fahren und manchmal noch den Gegenverkehr abwarten.
Dies nutzte unsere Latein- und Deutschlehrerin, um ab-
zuspringen, denn unsere OWZ (Oberschule Wissenschaft-
lichen Zweigs) lag in einer Nische, die als Verlängerung der
Hobrechtstraße angesehen werden konnte. Was wir uns
damals immer erhofften, war gemein ... Nein, sie war sport-
lich genug, um sich beim Abspringen kein Bein zu brechen.
So viel zum Umfahren von Häuserblocks. Auch eine
Wendeschleife konnte ich ausgiebig studieren: die in Alt-
Schmöckwitz, wo die Uferbahn, die 86, zur Rückkehr nach
Köpenick und Mahlsdorf Süd, Hubertus den Dorfanger um-
rundete.

Bei der Blockumfahrung und bei Wendeschleifen hatten

die Schaffnerinnen und Schaffner wenig zu tun, abgesehen von der »Umschilderung«. An Endstellen aber, wo die Gleise plötzlich aufhörten, an »stumpfen Endstellen« also, hatten sie schwer zu schuften. Bei den Triebwagen ohne Schiebetüren hatten sie die schweren »Umsetztüren« von der einen zur anderen Seite der Plattform zu tragen und im Winter auch noch die Klappfenster über ihnen zu schließen. Bevor es überall Scherenstromabnehmer gab, musste der Schaffner des Triebwagens die Seiltrommel des Stangenstromabnehmers abziehen und diesen dann mit einem Ziehen am Seil vom Fahrdraht nehmen. Mit Trommel, Seil und Stromabnehmer musste er anschließend um den Triebwagen herumgehen und das Ganze auf der anderen, nun hinteren Seite in umgekehrter Reihenfolge wiederholen. An manchen Endstellen hatten Schaffner und Schaffnerinnen den Beiwagen zur Erleichterung des Rangiervorgangs auch per Hand über viele Meter und Weichen zu schieben.

Für uns Kinder war das alles wunderbarer Stoff zum Nachspielen. Aber Schaffner wollte ich dann doch nicht werden, zumal mein Vater über mich immer sagte: »Kopfrechnen schwach, Religion sehr gut.« Und Schaffner hatten ja viel zu rechnen.

Du wirst noch mal Ritzenschieber!

Über einen stark negativ besetzten Beruf bei der Straßenbahn

Dass ich heute das »Prof. Dr.« vor meinen Namen setzen darf und mit einem wissenschaftlichen Beitrag in den *Sternstunden der Soziologie* auftauche, vermag ich bis jetzt nicht so recht zu realisieren.

Wenn meine Eltern früher wieder einmal meinen Mangel an Einsen und Zweien beklagten, dann wurde mir stets angedroht, in einem von zwei Paria-Berufen zu enden: »Gullitaucher«, anderswo als Kanalarbeiter bekannt, oder »Ritzenschieber«. Zur Erklärung des Begriffs Ritzenschieber greife ich auf Wikipedia zurück:

Ein Ritzenschieber, im Wienerischen auch Tramwayschienenritzenkratzer bzw. geläufiger Gleisböhm genannt, war früher ein ungelernter Arbeiter, der die Rillenschienen von Straßenbahnen sauber hielt, indem er mithilfe einer stockähnlichen Spezialschaufel oder eines kurzen und steif gebundenen Rutenbesens, der am anderen Stielende ein etwas zugespitztes Flacheisen trug, den Schmutz entfernte, der sich darin angesammelt hatte. Dies galt besonders an Weichen, da diese meist als Rillenschienen gebaut waren und der Schmutz dort durch andere Fahrzeuge zusätzlich in die Rillen gedrückt wurde. Nach der Reinigung wurde die Weiche, aber auch Kurvenstücke, mit in Wasser aufgeschwemmtem Graphitpulver ausgegossen, um einerseits ein leichtes Funktionieren zu gewähren und andererseits ein quietschendes Geräusch beim Befahren zu verhindern. Der Beruf starb in den 1950er Jahren aus. Heute werden stattdessen Schienenreinigungsfahrzeuge eingesetzt.

Die Uferbahn muss weiterfahr'n!

Über den Kampf um den Erhalt
meiner Lieblingsstrecke

Meine Lieblingsstrecke in Berlin ist die zwischen Grünau und Schmöckwitz. Ganz früher fuhr dort die Uferbahn, die so genannt wurde, weil sie weithin am Langen See entlangführte, eigentlich am Fluss Dahme, der ist an dieser Stelle aber sehr in die Breite gegangen. In meiner Kindheit und Jugend verkehrte hier die 86, aus der dann nach der Wiedervereinigung und mit der Neuordnung der Berliner Linien die 68 wurde. Über diese Umbenennung muss der ältere Berliner unwillkürlich schmunzeln, denn 1911 gab es schon einmal eine 68. Die fuhr von Dalldorf beziehungsweise Wittenau im Norden Berlins nach Herzberge, das weit im Osten gelegen war, das heißt von einer Irrenanstalt, wie man damals sagte, zur nächsten. Im Volksmund hieß es deshalb: »Mit da Varückten-Linje biste richtich, von eene Klapsmühle inne andere.«
Wenn ich am S-Bahnhof Grünau in die 68 steige, suche ich im Wagen auf der linken Seite einen Platz zu ergattern, denn von dort aus hat man einen herrlichen Blick auf den Langen See und die Müggelberge, die am gegenüberliegenden Ufer zur Wahnsinnshöhe von 114 Metern aufragen. Ich habe die Fahrt zwischen den Regattatribünen und Karolinenhof so oft beschrieben, dass ich jetzt nicht wage, es noch einmal zu tun, obwohl ja das Selbstplagiat nicht strafbar ist.
Die Uferbahn ist also für mich und unzählige Berliner eine heilige Kuh. Und im Frühjahr 2011 hatten sich nun die BVG und der Senat fest vorgenommen, diese zu schlachten. Doch sie hatten nicht mit der Protestbewegung gerechnet, die sich um den Redakteur Peer Hausschild aus Karolinen-

hof und den Ortsverein Schmöckwitz mit Almuth Berger entwickelte. Höhepunkt der Aktivitäten war der 9. April 2011. An diesem Tag demonstrierten *3000 Bürger [...] mit einer Menschenkette entlang der 7,5 Kilometer langen Straßenbahnstrecke Grünau–Schmöckwitz eindrucksvoll für den Erhalt ihrer Uferbahn,* wie es in einer Pressemitteilung hieß.

Dies hat es in solcher Form noch nicht in Deutschland gegeben. Schützend stellten sich die Teilnehmer vor ihre Uferbahn. Pünktlich um 15 Uhr wurde die Reihe geschlossen und damit ein deutlich sichtbares Zeichen für den Erhalt dieser unersetzlichen Strecke gesetzt. »Stationsvorsteher« nahmen die Teilnehmer ab 14 Uhr an den Straßenbahnhaltestellen vom S-Bahnhof Grünau bis Alt Schmöckwitz in Empfang und halfen ihnen, einen Stellplatz zu finden. Um die 7,5 Kilometer lange Strecke zu schließen, brachten die Teilnehmer selbst gefertigte Wimpelketten, Transparente, aber auch Ruder, Paddel oder sogar Boote mit. Im Anschluss an die Menschenkette fand ab 16 Uhr in Alt-Schmöckwitz an der Endhaltestelle der Linie 68 die Preisverleihung des Schülerwettbewerbs um die besten Plakate und Transparente statt. Unter Vorsitz des bekannten Berliner Schriftstellers Horst Bosetzky kürte die Jury drei Klassen als Sieger. [...]
Hintergrund Uferbahn: Die Uferbahn wurde vor 100 Jahren gebaut und im März 1912 in Betrieb genommen. Die 7,5 Kilometer lange Strecke der Linie 68 verläuft überwiegend am Ufer der Dahme. Noch immer verweigert der Aufsichtsrat der BVG notwendige Sanierungsgelder und stellt die Bahn damit in Frage. Statt umweltfreundlicher Straßenbahnen will die BVG Busse fahren lassen. Doch damit können die Haltestellen entlang der Uferpromenade nicht mehr bedient werden. Das Strandbad Grünau, die zahlreichen Wassersportvereine entlang der Sportpromenade und das Western-Restaurant Richtershorn wären nicht länger mit öffentlichen Verkehrsmitteln zu erreichen. Das Verkehrsangebot für Ein-

wohner und Erholungssuchende würde sich drastisch ver-
schlechtern. Die wohl schönste Straßenbahnstrecke Berlins
müsste ohne Sanierung sterben.

Unser Vorhaben gelang: Die 68 fährt heute auf modernen
Gleisen auf ihrer angestammten Strecke. Ein T-Shirt mit
der Aufschrift *Die Uferbahn muss weiterfahr'n!* hängt bei
mir im Schrank. Mit ihm ist auch noch eine andere Erinnerung verbunden: In der von der BVG herausgegebenen
Festschrift *125 Jahre elektrische Straßenbahn* bin ich mit
dem Essay *Von der 86 zur 68* vertreten und soll ihn bei der
Buchvorstellung vorlesen. Der Rahmen ist eine Pressekon-
ferenz, zu der neben einer Reihe von Hauptstadtjournalis-
ten auch etliche hochgestellte Damen und Herren der BVG
und aus der Berliner Politik geladen sind. Ich werde aufgerufen, nehme meinen Platz ein und öffne, bevor ich zu
lesen beginne, meine braune Lederweste. Darunter kommt
das besagte T-Shirt zum Vorschein. Großes Hallo! Andreas
Sturmowski, der Vorsitzende des BVG-Vorstands, versucht,
mich mit Blicken zu töten. Als ihm das misslingt, meint er,
nachdem ich gerade einmal ein Drittel meines Textes gelesen habe: »Herr Bosetzky, das reicht jetzt, danke!«
Eigentlich sollten ja alle Menschen, deren Namen eine
polnische Endung haben, fest zusammenhalten, hat doch
Friedrich der Große unsere derart gebrandmarkten Vorfahren einmal als *diese ganze imbecile Gesellschaft mit -ki*
oder -ky bezeichnet.
Während der Gleisbauarbeiten in Schmöckwitz endete die
68 schon an der Straße Am Seeblick, das heißt eine Haltestelle vor der Endstation Alt-Schmöckwitz. Da nur Einrich-
tungszüge vorhanden waren und sich wegen der Hügel an
der Straße, den »Karnickelbergen«, keine Wendeschleife
anlegen ließ, richtete man auf dem Parkplatz des angrenzenden Rewe-Markts ein Wendedreieck ein. Der Himmel
auf Erden für einen Straßenbahnnarren! Hinzu kam, dass

alles genau vor dem Grundstück meiner Großmutter geschah, dem Paradies meiner Kindheit. Warum hat es so etwas nicht damals schon gegeben?

Mein Freund Manfred H. aus dem benachbarten Wernsdorf hatte damals eine grandiose Idee. Als die neuen Gleise verlegt wurden, ließ er sich für ein paar Euro von einem Arbeiter ein Stück von den alten Schienen in der Länge eines Lineals abtrennen. Das schenkte er mir zum Geburtstag. Wenn ich heute vom Computer aufblicke, sehe ich es vor mir auf dem Balkon – und in Gedanken auf ihm die alten Maximum-Triebwagen der 86 rollen ...

Die Herrin der Ringe

Über die Ringlinien bei der Berliner Straßenbahn

Meine Mutter erzählte immer wieder, dass ihr Vater sie mit ihrer Schwester irgendwann nach dem Ersten Weltkrieg in die Ringbahn gesetzt habe und sie dann die ganze Stadt umrundet hätten. So etwas wünschte ich mir als Kind auch, dann aber kam der nächste Krieg. Ich bettelte: »Aber wenigstens mit der Straßenbahn!« Ich wusste, dass es dort Ringlinien gab, denn eine Straßenbahn kam von der Harzer und der Elsenstraße, fuhr die Wildenbruchstraße entlang und bog von dort in die damalige Braunauer Straße ein, um den Hermannplatz zu passieren. Det war also direkt bei uns vor da Neese. Ihr Zielschild war rot und mit weißen Buchstaben bedruckt. »Außenring«, buchstabierte man mir. Aber einsteigen durfte ich nicht. »Eh die einmal rum ist, das dauert zu lange!«

Heute weiß kaum noch jemand, dass es einmal etliche Ringlinien bei der Berliner Straßenbahn gab: Die Linie 1 war der Stadtring, die 2 der Bahnhofsring (da sie den Anhalter, den Potsdamer, den Schlesischen und den Görlitzer Bahnhof tangierte), die 3 der Große Ring, die 4 der Innenring, zeitweilig auch Ost-West-Ring genannt, die 5 der Außenring, die 6 der Südring, die 7 der Westring, die 8 der Grunewald- oder Nordring, die 9 der Ostring und die 10 der Ring Groß-Berlin.

Nebenbei: Nicht nur bei den Bussen, sondern auch bei den Straßenbahnen gab es Dreieckslinien, von denen eine im Ausflugsverkehr von Neukölln nach Pichelsdorf fuhr, eine andere von der »Deutschen Industrie-Ausstellung« am Funkturm zur Erkstraße in Neukölln.

Willst du unter die Straßenbahn kommen?

Über die Straßenbahn als Abenteuerspielplatz

Mit dieser Frage wurde ich als Junge oft konfrontiert, denn nach dem Krieg verführte die Straßenbahn uns bisweilen, den Mutigen zu spielen. Waren Trieb- und Beiwagen krachend voll und riefen die Schaffner immer wieder »Zurückbleiben! Die nächste 95 kommt in wenigen Minuten!«, dann konnte man sich fluchend seinem Schicksal fügen — oder aber in letzter Sekunde auf den anfahrenden Zug aufspringen. Die Füße kamen auf die Einstiegsstufe, und mit einer Hand konnte man sich an den Griffen neben der Tür festhalten. So hing man dann halb im Freien. Doch wehe, die Kräfte ließen nach! Auf alle Fälle erschien jetzt kein Schaffner, um einen »abzukassieren«. Denn der Paragraf 48 der Dienstanweisung schrieb dem Schaffner genau vor, was er zu tun hatte:

Während der Fahrt ist das Besteigen und Verlassen des Wagens sowie das Stehen auf den Trittbrettern grundsätzlich verboten, und zwar auch den Bediensteten selbst. Schaffner und Fahrer haben Fahrgäste, die die Absicht zeigen, während der Fahrt auf- oder abzuspringen, zu warnen, jedoch nicht zu behindern oder zu unterstützen.

Auch für den schlimmsten Fall war alles geregelt. Paragraf 94 schrieb vor: *Bei einem Todesfall auf einem Wagen ist dieser von Fahrgästen zu räumen, der Zug bis zur nächsten Ausweichstelle zu fahren und die Meldestelle zu benachrichtigen.* So etwas habe ich zum Glück nie erlebt, auch nicht das, womit sich der Paragraf 95 beschäftigt: *Bei Geburt auf einem Wagen ist schnellstens für ärztliche Hilfe zu sorgen.*

Gegebenenfalls ist der Zug ohne Aufenthalt bis zum nächsten erreichbaren Arzt zu fahren. Es hätte die Frage nahegelegen: Wenn aber nun der nächste erreichbare Arzt in einer Nebenstraße ohne Gleise anzutreffen ist, muss man dann schnell Schienen legen?

Kam schließlich die nächste Haltestelle und wollte jemand aussteigen, musste man erst einmal zur Seite weichen, hatte aber anschließend die Chance, dessen Platz auf der Plattform einzunehmen. Die wirklichen Helden unter den Klassenkameraden aber waren die, die sich auf der dem Einstieg abgewandten Seite an die Wagen vom Typ T 24 und B 24 hingen und das praktizierten, was man heutzutage Straßenbahnsurfen nennen würde. Mein Vater und meine Schmöckwitzer Oma verwiesen in diesem Zusammenhang gelegentlich auf den Architekten Hermann Muthesius, den Mitbegründer des Deutschen Werkbundes, der 1927 nach einer Baustellenbesichtigung in Steglitz unter eine Straßenbahn geraten und verstorben war. Ich erinnere mich auch an »Krücke«, eigentlich Reinhold Habisch (1889 bis 1964), ein Berliner Original, das bei den Sechstagerennen im Sportpalast den sogenannten Sportpalastwalzer pfiff. Krücke hatte als junger Mann durch einen Unfall ein Bein verloren, als er auf einer nassen Straße ausgerutscht und unter eine Straßenbahn geraten war.

Zeigen Sie mich bitte nicht an, wenn Sie die nächsten Zeilen lesen! Denn zum einen ist die Sache mehr als verjährt, zum anderen war ich nicht der Täter, und ich kann mich an dessen Namen wie auch an die der involvierten Schulfreunde nicht mehr erinnern. Nennen wir den Täter also Olaf. Unser Olaf war der geborene Chemiker, hatte im betreffenden Fach immer eine Eins und liebte das Experimentieren auf dem Balkon seiner Eltern. Einmal, als sich unsere Clique nach der Schule an der Sonnenallee, Ecke Tellstraße traf, hatte er Staniolkügelchen von der Größe eines Tischtennisballs mitgebracht. Eines davon legte er in die Rillenschienen der 95. Als die Bahn dann am Ende der Fuldastraße auftauchte, schrie er: »Los, in den Hausfluren verstecken!« Der Anweisung folgten wir, tagsüber war nämlich damals keines der Mietshäuser abgeschlossen. Durch die kleinen Fenster in den Haustüren spähten wir nach draußen und warteten auf den großen Knall. Der kam dann auch. Der Fahrer des herannahenden Zuges leitete eine Notbremsung ein und sprang fluchend von seiner Plattform herab, um nachzusehen, ob sein Triebwagen Schaden genommen hatte. Natürlich war nichts geschehen, aber der Schrecken war groß. Der Fahrer vermutete uns in den Hauseingängen oder hinter den Fenstern der angrenzenden Häuser und schrie mit geballter Faust: »Das ist Transportgefährdung nach Paragraf 315 StGB, ich rufe die Polizei! Ihr gehört alle in'n Knast!« In Zeiten des Handys hätten wir schlechte Karten gehabt, aber 1948 musste er sich zum Telefonieren erst einen Laden suchen. Ehe ein Funkwagen eintraf, waren wir längst über alle Berge.

Mein angemessenes Ende

Über leise Straßenbahnen

Bei meiner Liebe zu Bahnen wäre es nur logisch, wenn ich irgendwann einmal ...

Nun, im November 2007 hätte mein Name auch um ein Haar mit dem Todessymbol versehen werden müssen. Damals besuchte ich meine Mutter in Pankow, und es passierte Folgendes.

Ich komme aus ihrem Heim, will schnell zum S-Bahnhof Pankow, überquere die Breite Straße und werde auf dem Mittelstreifen, dem Dorfanger vor der Kirche, von einer roten Fußgängerampel aufgehalten. Es regnet, ich habe die Kapuze meines Anoraks über den Kopf gezogen, laufe also mit einem Tunnelblick beziehungsweise wie ein Pferd mit Scheuklappen durch die Welt. Ich habe noch kein Grün, aber die Autos stehen schon alle. Ich sprinte los – und bemerke erst im allerletzten Augenblick den heranschnellenden Zug der Linie M 1 Richtung Hackescher Markt, die eine Sonderschaltung hat und erst später als die Autos Rot bekommt. Wenn ich nicht früher Hundertmeterläufer gewesen wäre, dann ...

In Zukunft wird uns allen ein solches Ende erspart bleiben, denn da werden wohl auch in Berlin die Straßenbahnen mit einem sogenannten Kollisionswarner versehen sein, über den im *Straßenbahn Magazin* 9/2015 Folgendes zu lesen ist:

Dabei sind drei Kameras aus der Fahrerkabine auf das Gleis vor dem Fahrzeug gerichtet. Sie erfassen alles, was sich bis zu einer Entfernung von 60 Metern vor dem Wagen abspielt. Liegt ein Ast auf dem Gleis, hält ein Auto oder bleibt ein

Mensch zwischen den Schienen stehen, ertönt ein Warnton. Bleibt das Objekt oder die Person im Gleis, dann bremst die Tram von alleine ab.

Ein paar Zeilen später folgt jedoch das Aber: Es *nimmt die Zahl der Vollbremsungen durch so eine Automatik spürbar zu [...,] und [es] werden sich Verletzungen in den Trams häufen.*

Da sehe ich mich schon mit dem Kopf gegen den Fahrkartenautomaten krachen.

U- und Hochbahn

Haste im Verkehr mal Frust ...

Der Einstieg in den Erlebnisraum U- und Hochbahn

Sucht man im Internet nach dem Stichpunkt Verkehr, findet man unter www.thefreedictionary.com, dass es sich dabei um *das Bewegen von Fahrzeugen und Personen auf festgelegten Wegen wie Straße und Schiene* handeln kann (»*Auf den Straßen herrscht dichter / stockender / zähflüssiger Verkehr*«), um den *Kontakt mit Menschen* (»*Ich habe den Verkehr mit ihm abgebrochen / wieder aufgenommen*«) oder aber um *Geschlechtsverkehr* (»*Er hatte mehrmals außerehelichen Verkehr*«).

Die dritte Definition erklärt auch, warum ich gerade diesen Einstieg gewählt habe: Weil das Wort Verkehr bei vielen Menschen sofort lustvolle Assoziationen auslöst. Wie kann das sein, wo oben doch von Frust die Rede ist? Die Antwort gibt eine Werbung für eine Brotsorte aus den 1950er und 1960er Jahren: *Haste im Verkehr mal Frust, mit Paech-Brot kriegste wieder Lust.*

Viele Paech-Brot-Sprüche finden sich in dem Buch *Tegel – Zurückbleiben bitte!,* das ich zusammen mit Uwe Poppel und drei ehemaligen U-Bahn-Fahrern veröffentlicht habe. *Da die Sitze in den Fahrzeugen bis 1973 fast ausschließlich in Längsrichtung angebracht waren,* schreibt Uwe Poppel, *richtete sich der Blick der Fahrgäste – wollten sie ihrem Gegenüber nicht ins Gesicht oder sonstwohin starren – fast automatisch auf die bunten Werbeflächen oberhalb der Wagenfenster.* Am meisten eingeprägt hat sich wohl der Spruch *Ganz furchtbar schimpft der Opapa – die Oma hat kein Paech-Brot da.* Darunter folgte die Quintessenz. *Moral: Für Oma gilt's wie für die Braut: Der Mann ist zahm, der Paech-Brot kaut.* Und auch an die ersten Gastarbeiter wurde gedacht: *Beim Ramadan denkt Yksan Ümel – den ganzen Tag an Paech-Brot-Krümel.*

Einen großen Nachteil hat jede Untergrundbahn: Man kann nicht aus dem Fenster sehen, das heißt, man kann schon, aber man sieht dabei nur grauschwarze Wände (außer beim Halt auf einem Bahnhof). Aus diesem Grund lässt man in Berlin die U-Bahn auf der U 1 und U 2 teilweise auch als Hochbahn fahren, auf der U 3 im Einschnitt, auf der U 5 auf einem Damm oder gar auf Straßenniveau und auf der U 6 ebenfalls auf einem Damm. Nur die U 4, U 55, U 7, U 8 und U 9 sind – soweit ich das überschaue – reine U-Bahnen.

Die Bezeichnung U-Bahn klingt ja noch relativ angenehm – aber Untergrundbahn? Das hört sich an, als würden in einer solchen Bahn nur Menschen fahren, die dem Untergrund angehören, also in der Illegalität leben. Die Schweden haben dieses Problem erkannt und nennen die Stockholmer U-Bahn lieber *Tunnelbana.*

Fakten will ich an dieser Stelle nicht ausbreiten, die findet man zum Beispiel unter www.berlin.de. Dort ist auch Folgendes zu lesen: *Die Berliner U-Bahn befährt mit 10 Linien ein Streckennetz von 146 Kilometern, zu dem 173 U-Bahnhöfe gehören. Charakteristisch ist die gelbe Farbe der Züge.* Bei www.psychotech.at kann ich auch Grundsätzliches über diese Farbe erfahren:

Gelb – Von der Sonne zur Zitrone
> *Gelb ist eine der vier Grundfarben und die hellste der bunten Farben.*
> *Sie erscheint im Licht der Sonne hell und leuchtend.*
> *Gelb wirkt strahlend und anregend. Es besitzt grundsätzlich eine heitere, sanft anregende Eigenschaft und vermittelt eine warme, behagliche Atmosphäre, je nachdem wie intensiv der gelbe Farbton ist.*

Die BVG hat also die optimale Farbe für ihre Züge aus-
gewählt! Außerdem muss noch der Unterschied zwischen
Klein- und Großprofil erklärt werden. Bei Wikipedia finde
ich dazu unter *Profile der Berliner U-Bahn* die folgenden
Sätze:

*Die zuerst (1896–1913) gebauten Strecken der Berliner
U-Bahn wurden für Fahrzeuge mit einer Breite von 2,3 m
ausgelegt, was etwa der Breite eines damaligen Straßen-
bahnwagens entsprach. [...] Die Kleinprofil-Strecken sind mit
einer seitlich angebrachten, von oben bestrichenen Stromschiene versehen. [...] Seit 1923, als die erste Linie im Großprofil dem Verkehr übergeben wurde, wurden alle neuen
Linien in diesem Profil gebaut. Die eingesetzten Fahrzeuge
sind im Unterschied zu den Kleinprofil-Wagen etwa 2,65 m
breit. Diese Fahrzeuge werden von einer ebenfalls seitlich
angebrachten, aber von unten bestrichenen Stromschiene
versorgt.*

Als Kind war ich hin- und hergerissen, denn ich wusste
nicht, ob ich das Klein- oder das Großprofil besser finden
sollte. Bei Kleinprofilwagen konnte ich am Zugende ab
und an auf dem Sitz des Zugbegleiters Platz nehmen und
staunend erleben, wie unser Zug die Welt verschluckte,
als wäre er ein schwarzes Loch, während es auf dem Großprofil nur Wagentypen gab, etwa meine geliebte »Tunneleule«, die dem Fahrgast vorn wie hinten keine Sicht auf die
freie Strecke gewährten.
Heute ziehe ich die Wagen im Großprofil (Linien 5 bis 9)
denen im Kleinprofil (Linien 1 bis 4) vor, weil bei denen
kleine Fernseher an der Decke hängen und man so über
das Neueste aus aller Welt informiert wird.
In einem Wagen des Großprofils habe ich um 1995 die
größte Heldentat meines Lebens vollbracht. Es geschah gegen sechzehn Uhr in einem Zug der U 7. Als ich von der Blis-

sestraße auf dem Weg zum Mehringdamm bin, sitzt mir ein hagerer junger Mann gegenüber, der aufgrund seines Aussehens und seiner Kleidung schnell in eine Schublade gesteckt werden könnte: alternative Szene Kreuzberg. Er verabschiedet sich von seinem Kumpel, und ich bekomme mit, dass er Kalle heißt. Da steigen an der Eisenacher Straße zwei etwa gleichaltrige Männer ein, die kahlköpfig sind, furchtbar tätowierte Unterarme haben und schwarze T-Shirts mit germanischen Symbolen und Runen tragen. In einer Hand halten sie je ein Bier. Sie setzen sich neben mein Gegenüber, der eine links, der andere rechts, und es kommt, was kommen muss: Sie fangen an, zu pöbeln.

»Mann, stinkt det hier!«, stöhnt der eine.

Fährt der andere fort: »Ick weeß ooch, wer det is. Der Arsch hier soll aussteigen!«

Als der Angesprochene nicht reagiert, lassen sie ihn ihre Fäuste spüren. Es gibt etwas auf die Oberarme und in die Seite. Unverständlicherweise guckt alles weg, und in manchen Gesichtern ist sogar Zustimmung zu lesen. Es kann nur noch Sekunden dauern, dann werden die beiden anfangen, Kalle zusammenzuschlagen. Da ziehe ich meinen Dienstausweis mit dem Berlin-Logo aus der Westentasche, auf dem klein gedruckt *FHSVR* (Fachhochschule für Verwaltung und Rechtspflege) steht, verdecke das mit meinem Daumen und rufe energisch: »Meine Herren, zufällig bin ich von der Kripo, und wenn Sie den Mann nicht sofort in Ruhe lassen, dann ...«

Gleich werde ich zusammengeschlagen. Nein, die beiden Tätowierten steigen auf dem nächsten Bahnhof aus und suchen das Weite. Nun müsste der Gerettete mich umarmen. Nein, tut er nicht, sondern wechselt nur wortlos den Sitzplatz. Es ist ein echter Glückstag für mich. Fehlt nur noch, dass mich jetzt jemand anzeigt. Denn wie lautet der Paragraf 132 StGB? *Wer unbefugt sich mit der Ausübung eines öffentlichen Amtes befaßt oder eine Handlung*

vornimmt, welche nur kraft eines öffentlichen Amtes vor-
genommen werden darf, wird mit Freiheitsstrafe bis zu zwei
Jahren oder mit Geldstrafe bestraft.

Ein Sprichwort heißt: Jede gute Tat rächt sich einmal. Andererseits, denke ich, brächte mir die ganze Sache sehr viele
PR-Punkte ein. Eine vom Stationsvorsteher herbeigerufene
Streife nimmt alles zu Protokoll. Am nächsten Tag bekomme ich einen Anruf der Polizei. Um alles abzuklären, solle
ich zur zuständigen Dienststelle kommen, also von Frohnau irgendwohin nach Tempelhof oder Schöneberg fahren.
»Nein, es ist doch alles klar und zum Glück nichts weiter
passiert«, sage ich. Es entspinnt sich ein Dialog, an dem
Loriot seine helle Freude gehabt hätte. »Sie werden schon
sehen, was Sie davon haben!«, droht man mir.

Das war vor mehr als zwanzig Jahren, und seitdem rechne
ich jeden Tag mit meiner Festnahme.

Von der Tunneleule zur ertüchtigten Gisela

Über besondere Wagentypen

Zwei Baureihen der U-Bahn haben es mir besonders angetan: der Typ A 1 und die »Tunneleule«. Dazu kommt der Typ G I, im Fachjargon »Gisela« genannt. Was die Reihe A 1 betrifft, zitiere ich aus meinem bereits erwähnten U-Bahn-Buch:

Von 1900 bis 1926 beschaffte die Hochbahngesellschaft 366 Trieb- und 265 Beiwagen vom Typ A 1, und natürlich bilden sie als Modelle [...] den Mittelpunkt meines Dioramas. Es ist ein Drei-Wagen-Zug: gelb [...], rot = Raucher [...] und wieder gelb. Typisch für die A 1-Züge waren ihre streng rechteckige, kantige Form, die Oberlichtaufsätze und die beiden Stirnlampen, die wie große schwarze offenstehende Büchsen aussehen. Die beiden einfachen Schiebetüren hatten einen schön geschwungenen Messinggriff und waren so schwer aufzuziehen, dass wir als Kinder keine Chance hatten. [...] Innen war so viel Messingglanz und edles Holz, daß es mich an die Salons hoher Herrschaften erinnerte. Einfach nobel war das alles.

Besonders fasziniert war ich von den roten Raucherwagen, da aber meine Eltern Nichtraucher waren, durfte ich sie nur von außen bewundern. Eigentlich hätte ich nun auch Raucher werden müssen, bin ich aber nicht. Anfang der 1950er Jahre sind die roten Raucherwagen dann abgeschafft worden.

Auf meinem Diorama »Hallesches Tor« steht oben auf der Hochbahn ein Drei-Wagen-Zug vom Typ A 1 und unten im aufgeschnittenen und damit einsehbaren Tunnel ein Zug vom Typ B 1, in Fachkreisen aufgrund seiner ovalen Stirnfenster Tunneleule genannt. Die Tunneleule war vor allem auf der Linie Grenzallee–Seestraße im Einsatz, berührte also auch meinen Heimatbahnhof Rathaus Neukölln. An eine digitale Zielanzeige war damals, um 1940, nicht zu denken, deshalb steckten die Zielschilder in einem Kasten unter dem linken »Auge« der Tunneleule. Die Wagen waren anfangs in eine zweite und eine dritte Klasse unterteilt, in der letzteren waren meine Eltern und ich zumeist unterwegs.

1947 sangen »Die 3 Travellers«, ein damals sehr bekanntes Trio, den Schlager *Gisela (Hallo, kleines Fräulein)* mit dem Refrain *Gisela, ich lieb dich, du bist süß.* Ob man dies in Ost-Berlin im Ohr hatte, als man die dort geschaffene Baureihe G I später Gisela genannt hat, weiß ich nicht, aber man hätte sich das G ja auch mit den Vornamen Gerda, Gudrun oder Gustav einprägen können. Von außen erinnern mich die Gisela-Züge mit ihren gesickten Wänden immer an russische D-Zug-Wagen, und die originalen Türgriffe ließen mich an den Werbeslogan *Plaste und Elaste aus Schkopau* denken. Die Fahrzeugserie war in der DDR für das Kleinprofilnetz der Berliner U-Bahn konstruiert worden. Nach der Wiedervereinigung wurde sie vorwiegend auf der U 2 (Pankow–Ruhleben) eingesetzt und umfassend erneuert, was mit dem merkwürdigen Begriff ertüchtigen zum Ausdruck gebracht wurde. Seit 1997 ertüchtigte man sie unter anderem dadurch, dass die alten Sitze aus Kunstleder gegen »vandalismusresistente« Sitze ausgetauscht und automatische Türknöpfe eingebaut wurden. Es blieb aber bei einem großen Ärgernis: dem Vorhandensein nur zweier Türen pro Wagen. Dies führte dazu, dass das Ein- und Aussteigen ziemlich zeitaufwendig wurde.

Heute meiden ängstliche Gemüter die ertüchtigten Gisela-Züge, denn im Jahr 2000 kam es während der Loveparade zu einem schlimmen Brand bei einem dieser Wagen.

Ich zucke aber nicht deshalb zusammen, wenn bei meinen

Fahrten mit der U-Bahn ein Gisela-Zug im Tunnel auftaucht, sondern weil ich mit dem Namen Gisela ungute
Gefühle verbinde. Erstens war Gisela L. eine Deutsch- und
Geschichtslehrerin, die meine Talente nie würdigte und mir
bestenfalls eine Drei plus gab. Zweitens hieß das Mädchen
Gisela, das mit mir im Krieg zusammen auf einem Bauernhof in Zieko bei Coswig evakuiert war, den dort lebenden
Ganter auf mich hetzte und sich köstlich amüsierte, wenn
der mir in die nackten Beine biss. Drittens saß Gisela R. in
der Siemens-Werkschule neben mir und machte mir, wie
man damals sagte, schöne Augen. Und ich Idiot bin auf
ihr eindeutiges Angebot nicht eingegangen, weil ich so
sozialisiert worden war, dass ich nur die folgende Abfolge
kannte: verliebt, verlobt, verheiratet – und heiraten wollte
ich so schnell nicht.

Hoch oben in den gelben Wagen

Über Fahrten mit der Hochbahn

In meinem Kriminalroman *Razzia,* der im Jahre 1948 spielt und zur Reihe *Es geschah in Berlin* gehört, erlebt der Kommissar Hermann Kappe Folgendes:

Sie hatten Glück, der Nachbar wusste, dass Kümmel bei seiner Freundin Gisela in der Skalitzer Straße wohnte. »In det Eckhaus anne Wiener, da wo die Hochbahn halten tut.«
Sie trotteten zurück zur U-Bahn, um von der Uhlandstraße zur Station Görlitzer Bahnhof zu fahren. Das war für Kappe wieder eine ziemliche Mutprobe, denn hinter dem Gleisdreieck lief die Trasse dicht am Landwehrkanal entlang, und da packten ihn immer phobische Ängste. Wenn der Zug entgleiste und sie ins Wasser stürzten ...

In dieser Szene habe ich meine eigenen Ängste auf meinen Protagonisten projiziert. Eigentlich wollte ich diesen Abschnitt mit etwas Positivem beginnen und das Lied singen, dem Walter Scheel vor Jahren eine unverhoffte Popularität verschafft hat:

Hoch auf dem gelben Wagen
sitz ich beim Schwager vorn.
Vorwärts die Rosse traben,
lustig schmettert das Horn.
Felder, Wiesen und Auen,
Leuchtendes Ährengold;
ich möchte ja so gerne noch schauen,
aber der Wagen, der rollt.

Doch das hat meine Schmöckwitzer Oma auf dem Toten-bett gesungen. Ich lasse es also lieber, zumal ich nicht singen kann.

Da wir gerade beim Traurigen sind, komme ich noch einmal auf das Zugunglück am Gleisdreieck zurück und finde dazu unter www.berliner-verkehrsseiten.de einen mit vielen Skizzen bestückten Bericht über die sogenannte Flanken-fahrt, in dem es unter anderem heißt:

Am 26. September 1908 fuhren zwei Züge auf die Weiche 2 zu. Der eine Zug kam vom Potsdamer Platz und der andere von der Bülowstrasse und beide fuhren Richtung Möckern-brücke. Einer der Zugfahrer ignorierte das für ihn gültige Haltsignal, weil er das auf Fahrt stehende Signal des anderen Zuges für sich gültig hielt, sodass beide Züge sich auf der Weiche in die Flanke fuhren. Der erste Triebwagen des aus Richtung Bülowstrasse kommenden Zuges wurde durch den Zug aus Potsdamer Platz vom Viadukt gedrückt und stürzte rund 10 Meter in die Tiefe. [...] Dieser Unfall kostete 18 Menschen das Leben. Verletzt wurden 21 Personen. Der schuldige Zugführer wurde zu einer Haftstrafe verurteilt.

Berlin scheint sich seiner Hochbahn zu schämen, denn auf allen Netzplänen sind nur das S und das U zu finden, manchmal noch das F für Fähre, aber kein H für Hochbahn. Dabei gibt es in Berlin drei echte Hochbahnstrecken, auf der U 2 einmal zwischen Nollendorfplatz und Potsdamer Platz sowie zwischen Senefelder Platz und Vinetastraße und auf der U 1 zwischen Kurfürsten- und Warschauer Straße.

Das Besondere an diesen Strecken ist, dass man nicht auf schwarze Tunnelwände starrt, wenn man aus dem Fenster sieht, sondern sich an Licht und Sonne und wunderschönen Ausblicken erfreuen kann. Zwar sind es nicht gerade *Felder, Wiesen und Auen, / Leuchtendes Ährengold*, die von der Hochbahn aus zu erblicken sind, dafür aber spannende Stadtlandschaften. Mich alten West-Berliner reizt besonders der Blick von der U 2 auf die Schönhauser Allee. Denn das ist alles noch immer neu für mich. Dagegen kenne ich die Strecke zwischen den Stationen Schlesisches Tor und Gleisdreieck in- und auswendig, angefangen von dem Blick auf die Emmauskirche über die Oranienstraße bis hin zur Überquerung des Landwehrkanals. Sitze ich in Fahrtrichtung rechts, würde ich gern einen Feldstecher bei mir haben, denn dann könnte ich den Leuten in der Skalitzer Straße wirklich auf den Teller schauen und Voyeur spielen, ohne mich schämen zu müssen. *Hinter den Fensterscheiben / Lacht ein Gesicht gar hold*, heißt es im Lied vom gelben Wagen. In einem meiner Kriminalromane (*Da hilft nur noch beten*) wird sogar ein Mord aufgeklärt, weil jemand von der U 1 aus beobachtet, was hinter einem Fenster geschieht.

Ein Hoch der Hochbahn!

Um jeden Kohlenkeller herum

Über Zugführer und Zugbegleiter

Ich habe etwas gegen das Wort Führer, aber an dieser Stelle lässt es sich wohl kaum vermeiden. Der Spruch über diesem Abschnitt stammt von einem Zugführer (Zf), der an unserem U-Bahn-Buch mitgeschrieben hat, und bezieht sich auf die mäandernde Linienführung der U 2 zwischen Stadtmitte und Alexanderplatz. Bei ihrem Bau mussten der alte Stadtkern und die früheren Festungsanlagen unterquert werden. Auf der Strecke sind viele Wohnhäuser und Hotels zu unterfahren. Da gibt es viele Langsamfahrstellen, und, so ein Zf, *die Fahrmeister (Fm) standen im Tunnel hinter den Pfeilern mit der Stoppuhr.*

So leicht wurde man nicht zum Zf ernannt, der Weg dorthin war zumeist lang. Der Zf in unserem U-Bahn-Buch hatte als Bahnhofsschaffner (Bsch) begonnen und war gleich am Anfang ermahnt worden, sich nichts zuschulden kommen zu lassen, wenn er einen Aufstieg beabsichtigte: »Halten Sie Ihren Bogen rein!« Damit war die Personalakte gemeint. Als Bsch hatte er am Zugang zum Bahnsteig Zeitkarten und sonstige Fahrausweise zu kontrollieren, Umsteigefahrscheine durch Einreißen zu entwerten und Sammelkarten (Sk) abzustempeln. Die nächste Stufe in der BVG-Hierarchie war der Zugabfertiger (Za). Dazu musste sich unser Gewährsmann erst als Bahnhofsarbeiter (Ba) bewähren, also den Bahnhof durch »Strichfegen mit feuchten Sägespänen« reinigen und Staub von den Bänken und den Handläufen der Treppengeländer wischen. Anschließend musste er einen längeren Za-Lehrgang mit anschließender mündlicher und schriftlicher Prüfung absolvieren. Seinen ersten Dienst hat er dann auf dem Bahnhof Oskar-Helene-

Heim verrichtet (die Ansage von witzigen Kollegen lautete hier stets: »Oskar geht alleene heim«). Nach einiger Zeit folgten die Lehrgänge zum Zugbegleiter (Zb) und schließlich zum Zugführer (Zf).

Wir Kinder bekamen den Zf in seinem engen und abgeschlossenen Kabuff damals kaum zu Gesicht, die maßgebende Figur bei der U-Bahn war für uns der Zb. Seine Arbeit beschreibt ein Zb wie folgt:

Auf jedem Bahnhof stieg ich aus, stellte mich neben die Zugspitze und übermittelte mit dem Zuruf »Abfahren!« und dem Hochheben eines Armes den Abfahrauftrag des Zugabfertigers (Hochheben des Befehlsstabes) an den Zugfahrer weiter. Nach Möglichkeit schloß ich vorher noch die hintere Tür des ersten Wagens. Dann bestieg ich den Zug und betätigte den »Summer«. Darauf setzte der Zf den Zug in Bewegung.

Es soll hin und wieder vorgekommen sein, dass der Zf seinen Zb einfach vergessen hat und ohne ihn losgefahren ist …

Zb spielte ich oft an unserer Küchentür, und meine Schmöckwitzer Oma war der Zf. Oder aber ich sah unseren Fleischwolf als jene Maschine zum Drucken von Fahrscheinen an, die golden glitzernd in den »Wannen« oder in den Mauernischen an den Bahnhofseingängen zu finden war. Die Erwachsenen sagten an, welche und wie viele Fahrscheine sie benötigten, dann drehte die BVG-Bedienstete an einer Kurbel, und die Maschine spuckte den frischgedruckten Fahrschein aus. Für mich als Kind war das ein magischer Vorgang.

Mit dem U-Bahn-Cabrio im Untergrund

Über Sonderfahrten im offenen Wagen

Sucht man im Internet unter dem Stichwort *Berlin U-Bahn-Cabrio*, kann man auf der Seite der BVG dies lesen:

Wer Berlin von unten kennen lernen will, dem bieten wir diese besondere Tour an. Die ungewöhnlichste Rundfahrt Berlins, denn mit einem U-Bahn-Cabrio geht es nachts in den Berliner Untergrund. Im offenen Wagen gehen Sie mit etwa 35 km/h auf Entdeckungsfahrt durch die Berliner U-Bahn-Tunnel.
Bei der rund zweistündigen Rundfahrt durch das Berliner U-Bahnnetz vermittelt Ihnen ein freundlicher Moderator viel Interessantes über die baulichen Besonderheiten, verschiedene Tunnelbauarten und die Geschichte der Berliner U-Bahn.

Wichtiges auf einen Blick
> *Das Mindestalter unserer Fahrgäste beträgt 18 Jahre, jüngere Fahrgäste können nur in Begleitung eines Erziehungsberechtigten mitfahren. [...]*
> *Die Fahrzeugflotte besteht aus einer Akkulok und drei Plattformwagen, die über eine Kapazität von maximal 150 Sitzplätzen verfügen.*
> *Da die Rundfahrt in einem offenen U-Bahnwagen vorgenommen wird, erhalten Sie bei Fahrtantritt einen Schutzhelm, den Sie während der Fahrt zu Ihrer Sicherheit tragen müssen. [...]*

Der Preis beträgt pro Person pro Fahrt: 50,00 Euro.

Ich hatte das Glück, die Fahrt für null Euro mitmachen zu dürfen (vielleicht waren es auch noch null D-Mark). Das ereignete sich folgendermaßen: Man hatte bei der BVG das Erscheinen unseres U-Bahn-Buchs verfolgt und gebar daraufhin die wunderschöne Idee, mich zu einer Fahrt mit dem U-Bahn-Cabrio einzuladen. Bei einem Zwischenhalt auf dem Bahnhof Klosterstraße sollte ich dann allen Mitfahrenden aus dem Buch etwas vorlesen. »Wahnsinn!«, würden junge Leute bei einer solchen Nachricht heute ausrufen, »Echt geil!« oder »Das ist ja der Hammer!«. Nun, ein befreundetes Ehepaar aus Frohnau wollte mich begleiten, und so fanden wir uns dann erwartungsfroh gegen 23 Uhr zum Start des Ganzen auf dem Bahnhof Deutsche Oper ein, wo unsere »Plattformwagen« auf jenem toten Gleis bereitstanden, auf dem früher der Kleinprofilshuttle zum Richard-Wagner-Platz abfuhr.

Jeder »Plattformwagen« wies in der Mitte in Längsrichtung zwei Sitzbänke auf, die Lehne an Lehne im Boden verankert waren, das heißt, man saß mit anderen Fahrgästen Rücken an Rücken. Die einen starrten gegen die Hintergleiswand, die anderen hatten freien Blick auf die beiden Bahnsteige – vorerst jedenfalls. Anschnallen mussten wir uns nicht, aber einen gelben Bauarbeiterhelm aufsetzen. Der Moderator begrüßte uns, dann fuhren wir auf der Route der U 2 Richtung Wittenbergplatz. Am Ernst-Reuter-Platz, Zoo und Wittenbergplatz – überall standen noch »Spätheimkehrer« auf den Bahnsteigen, warteten auf den letzten normalen Zug und rieben sich die Augen, als sie unser merkwürdiges Gefährt erblickten (»Ick jloobe, ick spinne!«). Hatte man doch zu viel getrunken?

Hinter dem Wittenbergplatz ging es dann zur Hochbahn hinauf. Dort nächtens in einem offenen Wagen über die Bülowstraße zu rollen war ein einmaliges Erlebnis mit Gänsehaut-Feeling. Die Gänsehaut mochte aber auch daher rühren, dass man gewaltig fror. Schade, dass es kurz vor dem Potsdamer Platz schon wieder in den Untergrund ging.

Es war weit nach Mitternacht, als wir auf dem Bahnhof Klosterstraße hielten und ich ans bereitstehende Mikrofon gerufen wurde. Alles wollten die meisten Mitreisenden zu dieser Zeit, nur nicht einem Schriftsteller lauschen. Die wenigen, die ich im Blick hatte, wagten es nicht, die anderen aber scheuten sich nicht, ein kleines Nickerchen einzulegen, insbesondere diejenigen, die zwanzig Minuten lang die Hintergleiswand anstarren durften. Ich habe nie wieder, weder in Buchhandlungen und Bibliotheken noch im Hörsaal oder zu Hause im Schlafzimmer meiner Kinder, so vielen Menschen durch mein Vorlesen zum Einschlafen verholfen. Endlich hatte ich mein Soll erfüllt, und es konnte weitergehen. Über den Kloster- und den geheimnisumwitterten Waisen-Tunnel kamen wir von der U 2 (Kleinprofil) auf die U 8 (Großprofil) und durch den Karstadt-Tunnel von der U 8 auf die U 7. Auf der fuhren wir dann zurück Richtung Richard-Wagner-Platz. Es war schon hell, als wir, am Ende unserer Kräfte, zum abgestellten Auto wankten.

Das Licht am Ende des Tunnels

Über Mitfahrten vorn im Führerstand

Durch unser U-Bahn-Buch bin ich, wie gesagt, einigen wichtigen Männern bei der U-Bahn aufgefallen, so auch Rainer Felkeneyer von der Arbeitsgemeinschaft Berliner U-Bahn. Er hat mich zu Lesungen ins Berliner U-Bahn-Museum im Bahnhof Olympiastadion eingeladen, mir aber auch das Üben am Fahrsimulator und Mitfahrten im Führerstand ermöglicht.

Der Fahrsimulator steht am U-Bahnhof Turmstraße. Ich wurde damals kurz eingewiesen und durfte dann zum ersten Mal selbst einen Zug fahren. Den habe ich auch sehr professionell auf die Strecke gebracht, dann aber kam der erste Bahnhof. Ich habe so geschickt gebremst, dass die beiden vorderen Wagen erst im Tunnel zum Stehen kamen. »Da werden sich aber die Fahrgäste beim Ein- und Aussteigen freuen!«, erklang es hinter mir. Beim zweiten Bahnhof wollte ich es besser machen – mit dem Erfolg, dass nun die beiden letzten Wagen im Tunnel zum Halten kamen. Im Hintergrund ertönte Gelächter. Dann hatte ich endlich den Bogen raus.

Trotzdem durfte ich bei meiner Führerstandmitfahrt auf der U 8 (Hermannstraße–Wittenau) nicht eine Sekunde lang am »Hebel« sitzen, sondern hatte mich mit dem Notsitz links außen zu begnügen. Vor dem Start hatte ich noch schriftlich zu bestätigen, dass ich bei eventuellen Unfällen die BVG für Verletzungen aller Art und psychische Schäden nicht haftbar machen könne. Dann ging es los, und ich kam aus dem Staunen nicht mehr heraus, denn beim Betrachten der Netzspinne hat man immer nur gerade Linien vor Augen und denkt automatisch, dass das auch in der Vertikalen der Fall sein müsse. Dem war aber nicht so, in der nächsten Stunde erlebte ich eine regelrechte Achterbahnfahrt. Dauernd ging es, wenn ein Kanal, ein Fluss oder eine andere U- oder S-Bahn-Strecke zu unterfahren war, bergauf und bergab. Auch in der Horizontalen wurde ständig von der schnurgeraden Linie abgewichen, denn vor jedem Bahnhof spaltete sich die Strecke sozusagen, um hinter dem Bahnhof wieder zusammenzulaufen, und auch sonst gab es Links- und dann wieder Rechtskurven. Und bei jeder Einfahrt in einen Bahnhof sah ich im Geiste einen Selbstmörder vor unseren Zug springen ...

Tröstlich war nur, dass wir alle anderthalb bis zwei Minuten das philosophisch so wertvolle Erlebnis hatten, das Licht am Ende des Tunnel zu erblicken.

S-Bahn

Ööööööööööööööööööööhhh

Über meine frühkindliche Prägung
durch S-Bahn-Motoren

Als ich noch im Kinderwagen lag und wir in Neukölln am Weichselplatz wohnten, waren das Häuschen und das Grundstück meiner Oma in Schmöckwitz im Sommer sozusagen unser Zweitwohnsitz. Das nötige Kleingeld, um zu Beginn der kleinen Reise mit der Straßenbahn zum S-Bahnhof Sonnenallee zu fahren und am Ende vom S-Bahnhof Grünau mit der 86 nach Schmöckwitz, hatten meine Eltern damals nicht. Also wurde ich im Kinderwagen zum S-Bahnhof Treptower Park geschoben (das waren ungefähr zweieinhalb Kilometer) und dort schließlich in die S-Bahn verfrachtet.

Das »Öööööh« der Elektromotoren beim Anfahren, das immer heller und immer länger wurde, war wie ein bezaubernder Sphärenklang für mich. Wieder und wieder habe ich ihn nachgeahmt und tue es heute noch, obwohl die modernen Motoren ganz anders klingen und viel leiser sind.

Grünau war damals Endstation, bis Königs Wusterhausen fuhr die S-Bahn noch lange nicht. Wir mussten in die Dampfbahn umsteigen, um den Bahnhof Schmöckwitz-Eichwalde zu erreichen (so hieß der bis 1936). Von dort bis zur Berliner Straße, heute Adlergestell, waren es noch einmal zweieinhalb Kilometer. Meine Schmöckwitzer Oma stand schon auf dem »Perron«, wie die gebildeten Stände damals den Bahnsteig nannten, und umarmte uns.

»Mutti, ist das wieder 'ne Weltreise gewesen!«, höre ich meine Mutter noch heute stöhnen.

Später wollte ich in der S-Bahn immer etwas essen, weil mir mein Vater Otto Paul Wilhelm ganz ernsthaft erklärt

hatte, das sei Pflicht, wenn man mit ihr führe. »Die heißt
doch nicht umsonst Ess-Bahn!«
»Otto, bring doch dem Jungen nicht immer solchen Unsinn
bei!«

In den Zeiten der Verdunkelung

Über den Berliner S-Bahn-Mörder Paul Ogorzow

Kaum hatte ich das Sprechen und die hohe kulturelle Fähigkeit erlernt, das in meiner Umwelt Gesprochene zu verstehen, da wurde mein Spaß am S-Bahn-Fahren von einer gewissen Angst begleitet. Vermittelt wurde mir diese von den vielen Frauen in meiner Familie, der Mutter, den beiden Großmüttern, den unzähligen echten Tanten wie den sogenannten Nenntanten – Nachbarinnen, freundlichen Schaffnerinnen und Verkäuferinnen und vielen anderen Frauen. Bei all diesen Tanten war der Berliner S-Bahn-Mörder natürlich ein Thema, hatten sie doch Angst, ebenfalls sein Opfer zu werden.

Über den besagten Mann, Paul Ogorzow, habe ich ein dickes Buch geschrieben. Hier fasse ich nur das Wesentliche zusammen.

Ein Sittlichkeitsverbrecher im ausgedehnten Laubengelände zwischen Rummelsburg, Friedrichsfelde und Karlshorst versetzt 1939/40 die Frauen in Angst und Schrecken. Über dreißig versuchte und vollendete Notzuchtverbrechen werden angezeigt, aber die Polizei kann den Täter nicht fassen. Dann gibt es den ersten Mord: Am 3. Dezember 1940 wird gegen Mitternacht eine 26-jährige Krankenschwester zwischen den Bahngleisen nahe der Station Karlshorst mit schweren Schädelverletzungen tot aufgefunden. Mit Ausnahme des *Völkischen Beobachter* beginnen die Zeitungen von diesem Zeitpunkt an, vom »S-Bahn-Mörder« zu sprechen. Der wird zum Symptom seiner Zeit. Es herrscht Krieg, und die Stadt ist total verdunkelt. Die ersten Bomben fallen auf Berlin. Immer mehr Männer »stehen im Felde«, und immer mehr Frauen nehmen ihre Arbeitsplätze ein, müs-

sen zu sehr früher und sehr später Stunde alleine mit der S-Bahn fahren. Zwischen Rummelsburg und Karlshorst will die grausige Verbrechensserie kein Ende nehmen. Sechs versuchte und acht vollendete Morde werden es schließlich sein, obwohl das Reichskriminalhauptamt am Werderschen Markt die besten Kommissare des ganzen Reichs den S-Bahn-Mörder jagen lässt und die NSDAP einen Geleitschutz für alleinreisende Frauen ins Leben ruft. Der S-Bahn-Mörder ist unter den Parteigenossen ... Immer wieder kann er entkommen, dabei ist Paul Ogorzow alles andere als ein genialer Verbrecher. Er verfügt über nichts weiter als eine gehörige Portion Bauernschläue, den Instinkt eines Tieres und die irrwitzige Gewissheit eines Menschen mit niedrigem IQ, dass ihm als Parteigenossen niemand etwas anhaben könne und er quasi mit einer Tarnkappe umherliefe. Seine beste Tarnung aber ist seine Bürgerlichkeit. Er ist ein ehrbarer Reichsbahner, verheiratet mit einer nicht eben mittellosen Tochter eines Kaufmanns. Als er zum Massenmörder wird, lautet seine Adresse: Berlin-Karlshorst, Dorotheastraße 24. Dabei handelt es sich um ein nobles Gründerzeithaus. Im Nachbarhaus Nr. 25 befindet sich eine Fleischerei. Als der Fleischermeister Schumann das Plakat ans Schaufenster hängt, auf dem der S-Bahn-Mörder zur Fahndung ausgeschrieben ist, sieht ihm Ogorzow dabei zu. »Der wohnt vielleicht nebenan«, sagt Schumann.
»Da könnten Sie recht haben«, lacht Ogorzow.
Schließlich wird er doch gefasst und am 24. Juli 1941 vom Sondergericht III des Landgerichts Berlin als Gewalttäter und »Volksschädling« zum Tode verurteilt und einen Tag später in Plötzensee geköpft.

Keinen Pfennig mehr für Ulbricht!

Über den S-Bahn-Boykott in West-Berlin

Zwanzig Jahre später ist es der sogenannte S-Bahn-Boykott, der West-Berlin umtreibt. Wikipedia weiß über ihn zu berichten:

Der S-Bahn-Boykott war 1961 in West-Berlin eine Protestmaßnahme gegen den Bau der Berliner Mauer, zu der der damalige Regierende Bürgermeister Willy Brandt gemeinsam mit dem DGB aufrief. Die Deutsche Reichsbahn betrieb damals die Eisenbahn auch in West-Berlin. Der Streik sollte die DM-Einnahmen der DDR schmälern. [...] Lautstark verkündeten Posten mit Slogans wie »Der S-Bahn-Fahrer zahlt den Stacheldraht« oder »Keinen Pfennig mehr für Ulbricht« ihren Unmut an den S-Bahnhöfen. Der Boykottaufruf wurde von der Berliner Bevölkerung angenommen. Die West-Berliner Verkehrsbetriebe BVG richteten einen Konkurrenzverkehr mit Bussen ein, und es wurden an U-Bahnhöfen, in Netzplänen, auf den Richtungsschildern von Bussen und Straßenbahnen und sogar in Reiseführern Hinweise auf die S-Bahn entfernt.

Mich persönlich traf das Ganze ziemlich hart, studierte ich doch zu dieser Zeit im dritten Semester an der FU Berlin und hatte von der Treptower Brücke in Neukölln bis in die Garystraße in Dahlem zu fahren. Die Fahrzeit beträgt heute mit dem Auto zwanzig Minuten. Aber ich hatte damals weder Auto noch Führerschein. Vor dem S-Bahn-Boykott bin ich immer zum Bahnhof Sonnenallee gelaufen, mit der Ringbahn bis Schöneberg gefahren und dort in die Wannseebahn umgestiegen. Vom Zielbahnhof Lichterfelde West bis zur Fakultät der Wirtschafts- und Sozialwissenschaften war es dann ein schöner Spaziergang. Nun aber musste ich mit dem 4er Bus bis zum Kaiser-Wilhelm-Platz zuckeln und dort in den 48er Bus umsteigen, der eine weitere Ewigkeit bis zur Ecke Berliner Straße, Unter den Eichen und Thiel-allee brauchte. Zu der wesentlich längeren Reisezeit kam erschwerend hinzu, dass ich im schaukelnden und ruckeln-den Bus schlechter lesen konnte als in der vergleichsweise ruhig dahingleitenden S-Bahn.

Deshalb hatte ich alsbald vom S-Bahn-Boykott die Nase voll und erklärte meinen Eltern, die typische Beamte waren, wieder mit der – jetzt noch dazu wohltuend menschen-leeren – S-Bahn fahren zu wollen.

Ihre Reaktion war harsch: »Dann kannst du gleich auszie-hen!« Hätte es etwas zu vererben gegeben, wäre ich auch noch enterbt worden.

Geisterzüge und Geisterbahnhöfe

Über das S-Bahn-Fahren in der Zeit
zwischen Mauerbau und friedlicher Revolution

In der dreizehnten *Spiegel*-Ausgabe des Jahres 1964 wurde über die Folgen des eben beschriebenen S-Bahn-Boykotts berichtet: *Innerhalb einer Woche sank die Zahl der täglich beförderten S-Bahn-Fahrgäste in Westberlin von fast einer halben Million auf knappe 100 000. Oft holperten die S-Bahn-Wagen wie Geisterzüge ohne einen einzigen Fahrgast über die Geleise in Westberlin.*

Ab und an holperte ich mit. Wir wohnten zu dieser Zeit in Wilmersdorf und hatten eine Laube in Heiligensee. Das in meiner Kindheit und Jugend zu meinem Paradies gewordene Schmöckwitz lag nun unerreichbar jenseits der Mauer, und für ein eigenes Grundstück in West-Berlin, also eine Laube (im DDR-Deutsch Datsche), reichte das Geld nicht. Außerdem war die Laube in jenen Jahren bei allen in Mode, die sich irgendwie als Linke verstanden. Heiligensee war Endstation, weiter nach Hennigsdorf (DDR) ging es nicht mehr. Ein paar hundert Meter hinter dem Bahnhof war eine Bahnbrücke abgetragen worden, und da begann der Grenzstreifen. Um nun meinen Sohn Sascha in die Traumwelt S-Bahn einzuführen, fuhr ich mit ihm zwei-, dreimal im Jahr mit der S-Bahn von unserer Laube nach Hause. Meine Frau trat derweilen mit unserer Tochter mit dem Auto den Heimweg an. Sascha und ich hatten zumeist einen ganzen S-Bahn-Zug für uns alleine – nur der Triebwagenführer fuhr noch mit uns.

Im Sommer 1979 gab es immerhin elf sogenannte »Zuggruppen« der von der DDR verwalteten S-Bahn in West-Berlin, und die Strecke Lichterfelde Süd–Heiligensee hatte die Nummer 2. Wichtig für den Grenzübertritt war die Zuggruppe L (Wannsee–Friedrichstraße). Die Zuggruppen 1 bis 3 fuhren ohne Halt durch die Ost-Berliner Bahnhöfe Nordbahnhof, Oranienburger Straße, Unter den Linden und Potsdamer Platz, die sogenannten Geisterbahnhöfe, hielten aber an der Friedrichstraße wegen der Grenzübergangsstelle und an der Wollankstraße. Dieser Bahnhof lag zwar auf Ost-Berliner Gebiet, war aber nur vom Westen aus zugänglich.

Heinz Knobloch schildert in seinem Buch *Geisterbahnhöfe*, wie die Trapo (Transportpolizei) verhinderte, dass DDR-Bürger die S-Bahn zur Flucht benutzten. Ich habe in einer Publikation der »Gedenkstätte Berliner Mauer« hinzugefügt:

Und dennoch rechneten wir West-Berliner bei jeder Fahrt unter der »Hauptstadt der DDR« mit einem Fluchtversuch, hätten mit dem Republikflüchtling gefühlt und ihm die Daumen gedrückt, zitterten aber auch schon bei dem Gedanken an solchen Zwischenfall, denn es konnten ja Schüsse fallen und wir getroffen werden. Oder wir wären, wenn wir dem armen Mann geholfen hätten, von Hilde Benjamins Erben wegen Beihilfe zur Republikflucht ins Zuchthaus gewandert. Und ehe uns Bonn dann freigekauft hätte ...

Abteil für Nutte und Kind

Über Kurioses aus der Berliner S-Bahn-Welt

Zu Beginn dieses Buches beklagte ich das Fehlen des wunderbaren Fahrgastes, der alle meine Bücher gelesen hat. Doch Erfolgserlebnisse habe ich durchaus zu verzeichnen. Einmal fahre ich mit der Ringbahn (S 41), da setzt sich Beusselstraße ein Mann von etwa sechzig Jahren neben mich, der irgendwie nach »Alternativszene« aussieht. Als er mich eingehend mustert, ist mir nicht ganz wohl dabei. Da spricht er mich auch schon an. »Sind Sie zufällig Herr Bosetzky?«

Die Frage ist mir zu kompliziert, um sie sofort beantworten zu können. Bin ich zufällig ich, oder bin ich von einer höheren Macht als Horst Bosetzky geplant und in die Welt geworfen worden? Für meine zufällige Entstehung spricht die Biografie meiner Eltern, denn die wollten an sich in den Jahren 1937/38 kein Kind in die Welt setzen, weil mein Vater in und mit der Kreuzberger SPD gegen die Braunen gekämpft hatte und folglich auf deren Abschussliste stand und meine Mutter einen jüdischen Vater hatte. Meiner Zeugung – die muss sich im April / Mai 1937 abgespielt haben – folgte also der große Schreck. Wir landen alle im KZ, das war ihre große Angst. »Nennt euren Sohn doch einfach Horst – nach Horst Wessel«, riet man meiner Mutter. (Das ist der Grund, warum ich trotz gesetzten Alters meinen Vornamen immer noch hasse und lieber mit »-ky« angesprochen werden möchte.) Nach dem Krieg, den wir alle überlebten, hörte ich dann oft, ich sei ein »Rechenfehler«. Vermutlich bin ich deshalb auch in Mathematik immer so schlecht gewesen ...

Zufällig? Ich sehe den Fragenden neben mir an und antworte: »Ich weiß es wirklich nicht. Aber der Name steht so in meinem Ausweis.«

Ein anderes Mal werde ich auf der Fahrt nach Erkner gleich hinter dem Ostkreuz von einem Menschen angesprochen, der mir irgendwie bekannt vorkommt. Klar, das ist der Weltmeister im Grimassenschneiden, der öfter vor der Gedächtniskirche seine Kunst zum Besten gibt!

»Was lesen Sie denn da?«, fragt er mich.

Ich drehe mein Buch um, sodass er das Cover sehen kann. Es ist Fontanes *Unterm Birnbaum*.

»Schade«, sagt er. »Ich habe gedacht, Sie lesen das Buch über den Berliner S-Bahn-Mörder – *Wie ein Tier*.«

»Nein«, antworte ich. »Warum sollte ich das? Das wäre doch irgendwie absurd.«

»Warum denn das?«

»Weil ich es geschrieben habe ...«

»Ah, dann sind Sie der -ky?«

»Ja. Und warum fragen Sie?«

»Weil meine Mutter eines der Opfer von Paul Ogorzow gewesen ist und ich erst durch Ihr Buch alles über die Hintergründe erfahren habe.«

Wir kommen ins Gespräch, und noch am selben Abend hat er das Fernsehen alarmiert. Drei Wochen später spielen wir die eben beschriebene Szene nach ...

Kurios ist auch, dass in den Ringbahn-Zügen der S 41 und S 42 auf dem Display, das oben an der Decke angebracht ist, bei der Angabe der Endstation immer wieder der Hinweis *nach Ring* zu lesen ist. Mein Gott, wo liegt bloß Ring? Wäre dies ein Hinweis auf den Aufführungsort der Wagner-Opern, müsste es *zum Ring* heißen, *zum Ring der Nibelungen in der Waldbühne* vielleicht. Da steht aber ganz eindeutig *S 41 nach Ring*. Es muss sich also um den Namen eines Ortes handeln. Aber wo liegt Ring? Sollte es eine Abkürzung sein, wie man ja auch O-Burg sagt, wenn man Oranienburg meint, oder KW für Königs Wusterhausen? Ich schlage nach, kann aber unter den Berliner S-Bahnhöfen keinen finden, der irgendetwas mit Ring zu tun hat. Allerdings gibt es zehn Ortschaften oder wenigstens Ortsteile mit diesem Namen. Davon liegen vier in den Niederlanden, andere in der Gegend von Leipzig, aber auch einige in der Steiermark. In der Umgebung Berlins finde ich ein Ring im Kreis Dahme-Spreewald und ein anderes in der Uckermark, in der Nähe von Angermünde. Aber es ist schwer vorstellbar, dass die S-Bahn plötzlich bis nach Angermünde fährt ... Während ich noch um eine Lösung ringe, erinnere ich mich an frühere S-Bahn-Zeiten. Wenn ich damals mit der Mannschaft der Leichtathleten von den Neuköllner Sportfreunden (NSF) unterwegs war, gab es immer etwas zum Lachen. Alleine schon, wenn auf den Bahnhöfen Neukölln oder Hermannstraße der Stab unseres Stabhochspringers (mit einer Länge von fast vier Metern) verladen werden musste. Der passte natürlich nicht durch die Tür, denn so biegsam war er nicht. Wir konnten ihn nur einladen, indem zwei von uns sofort, nachdem der Zug angehalten hatte, in den Wagen stürzten, alles aus dem Weg fegten und ein Fenster auf der Bahnsteigseite aufrissen. »Kopf weg!«, hieß es dann. Und der Stab wurde von draußen durch das Fenster geschoben.

Auf der Heimfahrt, wenn alle nach den absolvierten Läufen, Sprüngen und Würfen todmüde waren, kletterten die Turnbegabten unter uns in die Gepäcknetze und ruhten sich dort aus.

Wollten Jünglinge damals ihrer Freundin oder Braut imponieren, dann zeigten sie ihr, wie S-Bahn-Surfen ging: War der Zug angefahren, dann öffnete man die Tür – das war zu dieser Zeit noch möglich – und hangelte sich draußen auf den angedeuteten Trittbrettern, den simsartigen Wülsten unten an den Wagenkästen, bis zu dem Fenster, hinter dem die Angebetete saß.

Diesen Abschnitt möchte ich mit einer Szene auf dem

Bahnhof Neukölln enden lassen: Ich bin mit meinen Eltern auf dem Weg nach Schmöckwitz und bester Laune. Mein Vater und ich spielen wieder einmal »Vater Besuffski mit seinem ebenso prolligen Sohn«.

»Watten?«, ruft mein Vater. »Ick will erste Klasse fahr'n – warum jibtet die denn bei die Berlina S-Bahn nicht mehr?« Ich nehme den Ball auf. »Du als Ritzenschieba bei die Stra-ßenbahn hast doch det Jeld dafür jar nich!«

Vor uns hält ein Wagen, an dessen Fenster ein blaues Schild mit weißer Schrift zu erkennen ist. *Nutte und Kind* steht da. Tatsächlich ist es das Abteil für Mutter und Kind. Scherz-bolde haben den nach unten zeigenden rechten Strich des M blau übermalt, ebenso wie das R am Ende des Wortes Mutter.

»Hilde, woher wissen die denn dit von dir?«, krakeelt mein Vater. »Hier müssa wa einsteijen!«

Meine Mutter wendet sich mit Entsetzen von uns ab, beschließt, so zu tun, als wäre sie uns beiden nie zuvor begegnet, und läuft zu einem anderen Wagen.

Vor Antritt der Fahrt

Über Preisstufen und Fahrkartenautomaten

Ich verhalte mich nicht etwa so wie früher Seeleute vor einer geplanten Atlantiküberquerung und gehe zum Beten in die Kirche, wenn ich mit der S-Bahn fahren will. Aber es wäre durchaus klug, die höheren Mächte anzurufen: Bitte keine Signal- oder Weichenstörung, bitte keinen Stellwerksausfall, bitte keine »Person im Gleis« mit Notarzteinsatz, bitte keine Zugausfälle wegen technischer Defekte und, und, und.

Treppensteigen ist, wie gesagt, nicht mein Hobby. Mein Adrenalinspiegel schnellt schon in die Höhe, wenn ich mich dem Bahnhof Bundesplatz nähere. Wird die Rolltreppe heute funktionieren oder nicht? Nein, tut sie nicht. Ich komme zu dem Schluss: Die ist nur einmal kaputt – und das ist immer! Und warum nimmst du keinen Fahrstuhl? Gegen all die Leute, die da schon mit ihren Bikes, Rollstühlen, Rollatoren, Kinderwagen und Traglasten stehen, habe ich keine Chance. Also übe ich mich im Treppensteigen, was ja auch sehr gesund sein soll.

Komme ich oben auf dem Gleis am Fahrkartenautomaten an, stehen dort schon einige Fahrgäste und suchen dessen viele Rätsel zu lösen. Der Touchscreen-Monitor soll ja, wie man lesen kann, mehr böse Bakterien aufweisen als der Griff eines Wägelchens im Supermarkt. Die Fahrgäste bekommen an dem Automaten also nicht nur einen gültigen Fahrausweis, sondern ziehen zudem mit der erhöhten Chance davon, nach einer angemessenen Inkubationszeit an Grippe, Masern, TBC oder wenigstens einem Magen-Darm-Infekt zu erkranken.

Ich muss nicht an den Automaten treten, ich habe nämlich

ein VBB-Abo 65plus, für das mir jeden Monat 49,90 Euro vom Konto abgebucht werden. Ich rechne (obwohl ich das eigentlich nicht kann): Wenn ein Einzelfahrschein im Tarifbereich AB 2,70 Euro kostet, dann habe ich nach neunzehn Fahrten meine 49,90 Euro »abgefahren« und reise von der nächsten Fahrt an eigentlich umsonst. Doch mein Wanderfreund Jürgen Sch., ein ehemaliger Mathematiklehrer, hat mich belehrt, dass dies eine Milchmädchenrechnung sei. Denn man müsse auch die zwanzigste Fahrt und alle weiteren auf die 49,90 Euro beziehen, und da sei auch die 33. Fahrt nicht umsonst, sondern koste mich 1,51212212212 Euro.

Kompliziert wird es auch, wenn man von der Tarifzone AB (in den Bereich A fallen alle Stationen auf der Ringbahn und innerhalb des Rings, in den Bereich B alle Bahnhöfe zwischen Ringbahn und Stadtgrenze) in die Tarifzone C (Berliner Umland) fahren will, denn dann muss man einen Anschlussfahrausweis für 1,60 Euro lösen.

Tröstlich ist der Gedanke, dass in meiner Jugend alles noch viel komplizierter war. Zu dieser Zeit gab es bei der Berliner S-Bahn noch eine Zoneneinteilung, die von der ersten Zone (Stadt-, Ring- und Nordsüdbahn) und der Preisstufe eins, welche zwanzig Pfennige kostete, bis zur fünften Zone (zum Beispiel Fürstenwalde) und der Preisstufe acht (1,30 Mark) reichte. Auf den Bahnhöfen gab es Fahrkartenschalter zum Lösen des Billetts, wie meine Großmütter den Fahrausweis nannten, und den übermannshohen dunkelgrünen Fahrkartenautomaten aus den 1930er Jahren. Die Fahrkarten waren länglich und aus gelber Pappe, die in West-Berlin rot und in Ost-Berlin schwarz beschriftet war. Hatte man seine Fahrkarte im Vorraum eines Bahnhofs am Schalter käuflich erworben, dann konnte man noch immer nicht auf den Bahnsteig eilen, sondern musste erst an einer sogenannten Wanne vorbei. In der saßen zumeist zwei Beamte, denen man bei Fahrtantritt seine Karte zum Knipsen hinhalten musste. Auch am Zielbahnhof musste man eine Wanne passieren und die Fahrkarte zur Kontrolle vorzeigen. Jeder Bahnhof hatte sein Kürzel, zum Beispiel stand So für Sonnenallee oder Ga für Grünau. Grünau lag schon in der Zone zwei. Wenn wir früher von Neukölln aus dorthin fahren wollten, mussten wir deshalb darauf achten, dass wir mit einer Fahrkarte für dreißig Pfennig losfuhren. Zurück ins Hier und Jetzt. Läuft heute der Zug in den Bahnhof ein, dann erlebe ich stets einen neuen Schub meines PL-Syndroms (PL steht für punktgenaue Landung), an dem ich seit einigen Jahren leide: Ich versuche immer so einzusteigen, dass ich am Zielbahnhof haargenau an der Stelle aussteigen kann, an der sich der für mich optimale Aus- oder Übergang befindet. So vermeide ich es, zu viel laufen zu müssen. Die zurückzulegende Strecke kann anderenfalls sehr weit sein, und das kann dazu führen, dass ich prompt den Zug, die Straßenbahn oder den Bus verpasse, mit der oder dem ich weiterfahren wollte. Oder jemand schnappt mir die Taxe vor der Nase weg, weil ich als Letzter am Taxistand ankomme. Viele Minuten hätte ich dann zu warten – möglicherweise auch noch, sofern ich mich im Freien befinde, bei gefühlten minus zwanzig Grad oder monsunartigen Regenfällen. Und wenn die Bahnsteige nur wenig oder gar nicht bevölkert sind, sodass kriminelle Elemente ihre Chance wittern könnten, kommen noch die emotionalen Kosten meiner Gebete hinzu.

Was das Berliner Netz betrifft, bin ich bestens programmiert. Will ich zum Beispiel auf dem Bahnhof Südkreuz von der S 42 in die S 2 wechseln, heißt es für mich, am Bundesplatz muss ich in den letzten Wagen steigen, erste Tür.

Pech habe ich allerdings, wenn dort jemand einen schreiend roten Zettel angeklebt hat: *Türstörung*.

Nicht öffnen während der Fahrt – Lebensgefahr!

Über Warn-, Hinweis- und Verbotsschilder

Lesen habe ich zu einem erheblichen Teil nicht in der Dorf-schule gelernt, die ich besuchen musste, weil wir 1944 evakuiert wurden und Berlin verlassen mussten, sondern durch das Studium der vielen Schilder auf den Bahnhöfen. Auch das, was über und neben den Türen oder oben an den Stirnseiten der Wagen stand, versuchte ich zu entziffern, zum Beispiel:

> *Nichtraucher*
> *Eigenmächtiges Aussteigen beim Halt auf freier Strecke untersagt!*
> *Nicht öffnen während der Fahrt – Lebensgefahr!*
> *Das gewaltsame Offenhalten der Tür während des selbst-tätigen Schließens führt zu schweren Türschäden und ist daher bei Strafe verboten!*
> *Tür schließen*
> *Dienstabteil im ersten Wagen*

Schön war auch das Schild, das früher auf jedem Treppen-absatz über einem Spucknapf hing. Dessen Aufschrift lau-tete etwa folgendermaßen: *Im Interesse der Volksgesund-heit: Nicht auf den Boden spucken. Spucknäpfe benutzen!*
In vier Sprachen wurde den Fahrgästen vermittelt, dass das Rauchen verboten sei. So habe ich meine ersten Wor-te Englisch (*No smoking*) und Französisch (*Interdiction de fumer*) gelernt. Russisch hingegen (*Курение Запрещено* oder so ähnlich) blieb mir verschlossen. Was da wirklich stand, habe ich in keinem meiner Bücher und auch nicht im Internet entdecken können.

»Bosetzky, setzen, Fünf! Tun Sie das, was Sie sich als Junge immer versagt haben!«

Gemeint ist wohl das Ziehen der Notbremse, die als kleines rotes Kästchen oben neben der Tür angebracht war. *Handgriff nur bei Gefahr ziehen! Jeder Mißbrauch wird bestraft*, stand dort.

In Lebensgefahr, das heißt in Gefahr, von einem Zug überrollt zu werden, gerät man in Berlin auch leicht auf einem der beschrankten Bahnübergänge. Von denen gibt es noch etliche. Die bekanntesten sind wohl der an der Gorkistraße in Tegel, der im Süden an der Buckower Chaussee und der an der Lichtenrader Bahnhofstraße. Wenn sich dort ein Zug nähert, sieht man wenige Meter vor und hinter den Übergängen die Stromschienen blinken, und wer mit Kindern unterwegs ist, erleidet gelinde Panikattacken. Donnern die Züge dann vorbei, hat man Drehgestelle, Stromabnehmer und dergleichen deutlich vor Augen. Steht man auf den Bahnsteigen, bleiben sie einem ja immer verborgen.

Der Tagesspiegel vom 19. November 2013 meldet unter der schönen Überschrift *Echt beschränkt* Folgendes:

Das Ignorieren einer geschlossenen Schranke ist der teuerste Verstoß, den die Straßenverkehrsordnung kennt: 350 Euro sind fällig, »wer als Fußgänger/Radfahrer den Bahnübergang trotz geschlossener Schranken/Halbschranken überquert.« Etwas billiger wird es, wenn nur das rote Warnlicht ignoriert wird, die Schranke noch nicht geschlossen ist. Dann sind 290 Euro fällig.

Dass das Ignorieren einer geschlossenen Schranke nicht nur ein teurer, sondern auch ziemlich häufiger Verstoß ist, musste die Polizei jetzt feststellen. Am Montag postierten sich Beamte am Bahnübergang Gorkistraße in Tegel, in zwei Stunden mussten »Dutzende Fußgänger angesprochen werden, weil sie den Bahnübergang während des Schließvor-

gangs der Schranke überquerten«, teilte die Bundespolizei mit. Die meisten der Angesprochenen, darunter Schüler von drei nahe gelegenen Schulen, nannten Termindruck als Ausrede, hieß es weiter.

Ich verstehe immer nur Bahnhof!

Über bemerkenswerte und merkwürdige S-Bahnhöfe

Im *Herkunftswörterbuch* lese ich über die Entstehung dieser Wendung unter anderem, dass jemand, *der den Bahnhof als Ausgangspunkt der Urlaubsreise im Sinn hat, an nichts anderes mehr denken kann und nicht aufmerksam zuhört.* Der Online-Duden mutmaßt, dass die Wendung im Ersten Weltkrieg aufgekommen ist, weil die kriegsmüden Soldaten nur noch »Bahnhof«, das heißt Entlassung und Heimfahrt, hören wollten. Wie auch immer, wenn ich die besagte Wendung gebrauche, will ich meinem Gesprächspartner andeuten, dass ich seinen geistvollen Ausführungen nicht folgen kann.

Mag das Eigenlob noch so stinken: Ich selbst verstehe von den Berliner Bahnhöfen eine ganze Menge, da ich seit Jahren immer wieder die Sachbücher von Sabine Bohle-Heintzenberg, Alfred Gottwaldt, Jürgen Meyer-Kronthaler, Wolfgang Kramer und Klaus Kurpjuweit studiere.

Wo haben wir besonders kuriose S-Bahnhöfe? Mir fällt die Yorckstraße (S 1) ein, weil es dort den schmalsten Bahnsteig des Berliner Netzes gibt. Unter die Überschrift Kuriosa fiel lange auch der S-Bahnhof Warschauer Straße. Bevor er umgebaut wurde, konnte man dort, kam man mit der S 5 oder S 7 an, auf beiden Wagenseiten aussteigen.

Richtig ländlich sind die Bahnhöfe an der S 8 zwischen Blankenburg und Hohen Neuendorf, nämlich Mühlenbeck-Mönchmühle, Schönfließ und Bergfelde.

Der sich im Bau befindliche Bahnhof Ostkreuz ähnelt dem Südkreuz zu stark, als dass er originell wäre, und ist zudem erheblich kleiner.

Hübsch anzusehen sind die alten Bahnhöfe, deren Auf-

und Abgänge an Gewächshäuser erinnern, zum Beispiel Botanischer Garten. Nikolassee und Lichterfelde West bezaubern den Fahrgast mit ihren Empfangsgebäuden. Unter den Bahnhöfen, die sich durch ihre altehrwürdige Architektur auszeichnen, gefallen mir am besten Bellevue und Hackescher Markt. Ähnlich war ihnen der Lehrter Stadtbahnhof, der aber abgetragen und pulverisiert wurde, um dem neuen Berliner Hauptbahnhof Platz zu machen. Vor der friedlichen Revolution spielte sich an diesem Bahnhof immer ein historisch einmaliger Fahrerwechsel ab: Der mit seinem Zug vom Wannsee kommende Triebwagenführer verließ hier, auf dem letzten Bahnhof in West-Berlin, den Führerstand und machte einem Ost-Kollegen Platz, der zum Ost-Berliner Bahnhof Friedrichstraße fuhr.

Friedrichstraße ... Da ereignet sich in meinem Gehirn – wie bei so vielen älteren West-Berlinern – geradezu ein Feuerwerk an Assoziationen, und aus den Tiefen meines Gedächtnisses steigen Bilder empor. Eine schier unüberwindbare Wand aus Stahl trennte den Bahnsteig, auf dem die Züge aus dem Westen ankamen und wieder Richtung Wannsee abfuhren, von den beiden Bahnsteigen der Hauptstadt der DDR. Einer war für die Ost-Berliner S-Bahn und einer für den DR-Fernverkehr. Stieg man als West-Berliner aus dem Zug, dann erblickte man über der nach unten führenden Treppe ein riesiges Schild, auf dem zwischen zwei dicken nach unten zeigenden Pfeilen zu lesen war: *Zur Grenzübergangsstelle – Zur Nord-Süd- und U-Bahn*. Drei West-Berliner Linien tangierten den Bahnhof Friedrichstraße: Frohnau–Friedrichstraße–Lichtenrade (Zuggruppe N I), Heiligensee–Friedrichstraße–Lichterfelde-Süd (Zuggruppe N II) und Friedrichstraße–Charlottenburg–Wannsee (Zuggruppe S I). Die beiden ersten Linien fuhren im Tunnel, letztere oben auf der Trasse der Stadtbahn. Als West-Berliner fuhr man aus zweierlei Gründen zum Bahnhof Friedrichstraße: zum einen, um in die DDR einzureisen, zum anderen, um sich im hier angesiedelten Intershop billig mit Zigaretten, Spirituosen, Kaffee, Tee und Kaviar einzudecken. Das wurmte natürlich den West-Berliner Zoll, und an verschiedenen Ausgängen lauerte der auf diejenigen, die Waren aus dem Intershop mit sich führten.

Als die S-Bahn im Januar 1984 im Bereich West-Berlin von der BVG übernommen wurde, hatte ich das Glück, innerhalb einer halben Stunde gleich dreimal im Zug kontrolliert zu werden: einmal vom Zoll, der sicherstellen wollte, dass ich nichts im Intershop eingekauft hatte, dann von der Polizei, die wissen wollte, ob ich Ausländer sei und illegal einzureisen versuchte, und schließlich von den Fahrscheinkontrolleuren der BVG.

Zur »Einreise in die DDR« musste man durch labyrinthähnliche Gänge wandern, bis man eine Reihe von Verschlägen erreichte, an deren Wänden Schilder hingen, auf denen *Einreise für Bürger der DDR, BRD und Berlin (West)* zu lesen war. Brav reichte man dann einem Grenzpolizisten der DDR seinen Passierschein sowie seinen Personalausweis durch eine Luke und hörte von diesem ein barsches »Machen Sie mal Ihr rechtes Ohr frei!«.

Die Abfertigung auf der Rückreise erfolgte dann im »Tränenpalast«, über dessen Vorbau stand in großen Lettern: *Exit, Sortie, выход, Ausreise, Salida*. Zudem war über einer besonderen Tür zu lesen: *Diplomaten und Berufsverkehr.* Was das wohl meinen sollte? Gab es hier ein Privileg für Prostituierte, die man für verdiente Kader aus dem Westen holte?

Ein typischer Berliner Spruch lautet: Meckern gehört zum Handwerk. Auch zu dem des Schriftstellers. In letzter Zeit habe ich am meisten über den an der S 1 und in Schöneberg gelegenen Bahnhof Julius-Leber-Brücke gemeckert. Denn das ist kein Bahnhof, sondern eine Zumutung. Über die beiden schmalen Seitenbahnsteige, die an die Notbahnsteige beim Um- beziehungsweise Neubau der

Bahnhöfe Rathaus Steglitz, Südkreuz, Baumschulenweg und Adlershof erinnern, spannt sich kein Dach, es gibt nur ein paar Unterstände mit je zwei Sitzbänken aus Drahtgeflecht. Unter der Straßenbrücke, die sich über den Bahnhof spannt, ist man zwar vor Regengüssen geschützt, dafür ist aber alles dunkel und gruselig und sieht aus wie auf einem Lagerplatz der Müllabfuhr. Nicht einmal Posemuckel hätte solch eine jämmerliche Station hingenommen, ohne den Volksaufstand zu proben.

Aber denken wir positiv und danken den Verantwortlichen dafür, dass sie nur ganze 64 Jahre gebraucht haben, den im Krieg zerstörten Bahnhof Kolonnenstraße durch einen Neubau zu ersetzen! »Mecker nich so ville!«, höre ich die Leute sagen. »Hauptsache, de Züje tun nu wieda bei uns vor de Türe halten.« Und von offizieller Seite wird betont, dass man sich an der Julius-Leber-Brücke alle Möglichkeiten für die geplante S 21 offenhalten müsse. Diesbezüglich habe ich eine geniale Idee: Kinder, nehmt doch das Dach, das am Hauptbahnhof eingespart worden ist, aber noch irgendwo liegt, und spannt es über den S-Bahn-Graben an der Julius-Leber-Brücke! Dann habt ihr eine Weltsensation und plötzlich einen wunderschönen Bahnhof.

Halt auf freier Strecke

Über Ängste beim S-Bahn-Fahren

Natürlich erwarten wir von jedem Zug, dass er hält – auf jedem Bahnhof nämlich, der an seiner Strecke liegt. Hat er angehalten, sehen wir auf den Bahnsteig hinaus, gleichen das Stationsschild mit dem ab, was wir im Gehirn abgespeichert haben, und sind beruhigt. Alles ist so, wie es sein muss.

Da geschieht das Unerwartete: Wir halten auf freier Strecke. In diesem Moment steigt meine Pulsfrequenz auf 100, und mein Blutdruck nähert sich der Marke 220 zu 110. Im Tunnel sind es noch höhere Werte, denn aufgrund meiner Kriminalromane bin ich bereits professionell deformiert und habe sofort alle Katastrophen im Kopf, die passiert sein könnten. Brennt unser Zug? Ist er entgleist? Ist die Stromversorgung ganz Europas ausgefallen? Hat die allmächtige Lokführergewerkschaft zum Generalstreik aufgerufen?

Wir werden stundenlang hier stehen. Wenn ich nun einen Herzinfarkt oder einen Schlaganfall erleide, kann mich keiner ins Krankenhaus bringen!

Ich versuche mich zu beruhigen, indem ich an das Naheliegende denke. Das Wahrscheinlichste beim plötzlichen Halt auf freier Strecke ist eine Weichen- oder Signalstörung oder ein Computerausfall in einem der elektronischen Stellwerke. Da kann es mitunter schon einmal Stunden dauern, bis der Schaden behoben ist. Häufig gibt es auch den Fall »Person im Gleis«, was heißt, dass ein armer Teufel seinem Leben ein Ende bereiten möchte und sich vor unseren Zug oder den Zug vor uns geworfen hat.

Das ist alles schrecklich! Aber man soll ja immer positiv denken, und so denke ich: Gott sei Dank hält der Zug auf freier und nicht auf *un*freier Strecke, wie es sie früher zwischen den Geisterbahnhöfen gab. Und wenn Heraklit recht hat mit seinem *Panta rhei* (»Alles fließt«), dann wird auch der Verkehr irgendwann wieder fließen.

Und tatsächlich – es geht weiter. Wir fahren wieder, hurra! Ach, wie nichtig sind doch diese Ängste im Vergleich zu denen, die man als West-Berliner zu DDR-Zeiten hatte! Möglicherweise waren sie arg übertrieben, aber man dachte in bestimmten Situationen immer an den Berliner Stasi-Knast oder an Bautzen.

Einmal fahren wir, meine Mutter, mein Vater und ich, Ende der 1950er Jahre von Schmöckwitz zurück nach Neukölln und werden auf dem Bahnsteig Baumschulenweg von den »Organen« aus dem Zug geholt und in das Häuschen des Stationsvorstehers geführt.

»Entleeren Sie mal den Inhalt Ihrer Taschen auf dem Tisch hier!«

Wir tun es geradezu unterwürfig und zucken so zusammen, als wäre ein Schuss gefallen, weil uns eine Grenzpolizistin (ein Flintenweib, hätte mein Vater gesagt) anherrscht: »Was ist denn das hier?«

»Eine Zeitung ...« Es ist der SPD-nahe *Telegraf*, den wir draußen im Garten gelesen haben.

»Wissen Sie nicht, dass die Einfuhr solcher Presseerzeugnisse in die DDR verboten ist?«

Mein Vater hat die Ruhe weg. »Ich habe sie ja nicht ein-, sondern nur mitgeführt«, erwidert er.

Das Verhör wird härter. »Wo waren Sie?«

»Bei meiner Schwiegermutter Marie Schattan auf ihrem Grundstück in Schmöckwitz.«

»Und Ihre Schwiegermutter hat diese Zeitung nicht gelesen?«, heißt die nächste Frage.

»Nein.«

»Wollen Sie mich veräppeln?«

Jetzt greift meine Mutter ein, obwohl sie vor Angst regelrecht schlottert. »Wissen Sie, meine Mutter ist in der SED und mein Cousin Berthold Quade ein führender Funktionär bei Ihnen. Die würden so etwas nie in die Hand nehmen.«

»Warten Sie hier!«

Die Hüterin des real existierenden Sozialismus verschwindet, und man lässt uns eine gute Viertelstunde schmoren. Dann erscheint ein Leutnant. »Sie können Ihre Fahrt fortsetzen!«

Gerettet!

Traumberufe

Über das S-Bahn-Personal

Meine Großeltern sind ebenso wie meine Eltern und alle anderen Verwandten, die mir in meiner Kindheit etwas bedeuteten, vom Herrn heimgeholt worden in die Ewigkeit. Deshalb kann ich niemanden mehr fragen, was ich denn als Junge lieber werden wollte, Straßen- oder S-Bahn-Fahrer. Irgendwie höre ich aber dennoch die Antwort. »Genau in dieser Reihenfolge.« Danke!

Es gab einen entscheidenden Unterschied zwischen beiden Berufen: Man konnte direkt neben dem Straßenbahnfahrer stehen und ihn bei seinem Tun genau beobachten, während der Triebwagenführer der S-Bahn eingeschlossen und völlig unnahbar in seinem Führerstand saß.

»Horstelchen, was willst du denn mal werden, wenn du groß bist?«

»S-Bahn-Fahrer!«

Ich stellte mir vor, vorn im Führerstand zu sitzen, tagtäglich durch Berlin zu fahren und zu sehen, wie alles war und ständig anders wurde, jede Fahrt zu genießen und intensiv die vier Jahreszeiten zu erleben: die gleißende Sonne im Sommer, erst bunt, dann grau und melancholisch den Herbst, weiß den Winter und aprilfrisch den Frühling. Sich wie Gott an der Schöpfung erfreuen. S-Bahn-Fahrer zu werden hieße, seine große Liebe heiraten. Es wurde genauso wenig daraus wie aus meinem Wunsch, Straßenbahnfahrer zu werden.

Aber auch die Arbeit des zweiten Mannes vorn im Führerstand war für mich faszinierend. In einer Dienstvorschrift wird sie so beschrieben:

Zur Abfahrtszeit hat der Triebwagenschaffner neben dem Seitenfenster des Führerraums zu stehen und auf den Aufsichtsbeamten zu achten.

Auf den erhaltenen Abfahrauftrag hin überzeugt sich der Triebwagenschaffner von der Fahrtstellung des Ausfahrtsignals, tritt an das Fenster heran und gibt durch Klopfen an das Fenster des Führerraums zunächst das Zeichen zur Betätigung des Türverschlusses. Daraufhin wartet er die Beendigung des Türschließvorganges unter ständiger Beobachtung des Zuges ab (etwa drei Sekunden) und veranlaßt danach am Fenster stehend den Triebwagenführer durch den Zuruf »Abfahren« und Erheben der Hand zum Anfahren des Zuges. (Hat der Triebwagenschaffner Unregelmäßigkeiten am Zuge bemerkt, so muss er mit dem Zuruf »Abfahren« bis zu deren Beseitigung warten.) Erst dann tritt der Schaffner in die Tür.

Die Verfasser dieser Dienstvorschrift müssen wohl betrunken oder debil gewesen sein, haben sie doch etwas ganz Entscheidendes vergessen: Soll der Mann nun die rechte oder die linke Hand heben? Präzise sieht anders aus!

Vielleicht ist dieser Fauxpas der Grund dafür, dass der Triebwagenschaffner heutzutage durch das System ZAT ersetzt worden ist. Lange habe ich überlegt, was sich dahinter wohl verbirgt, und meine Gedanken schon einmal für eine Berliner Zeitschrift niedergeschrieben:

ZAT ist kein schöner Markenname, das assoziiert doch sofort zattrig, berlinisch für zähes Fleisch. Meint man vielleicht SAT, SAT 1 ... Nein. Der Duden bietet auch nicht viel und kennt nur die Zatteltracht, eine mittelalterliche Kleidermode. Da das Schild mit dem ZAT vorn am Ausfahrtsignal angebracht ist, stelle ich mir vor, dass es eine Aufforderung an die Triebwagenführer ist, ihre neue Dienstkleidung anzulegen. Nein, dieser Gedanke ist zu verwerfen, ebenso dass die S-Bahn

GmbH damit den legendären tschechischen Langstre-
ckenläufer Emil Zatopek ehren will, weil der immer als »die
Lokomotive« bezeichnet wurde. Aber vielleicht ist das ZAT
auch eine Hommage an den großen Louis Armstrong, hat
der doch immer gesungen »'Zat You, Santa Claus?«. Doch
sowohl mein gesunder wie mein ungesunder Menschenver-
stand sagen mir, dass das nicht sein kann. Ich erinnere mich
auch an eine Kommilitonin, die jedes s scharf ausgesprochen
hat, also wie bei (nicht beim) Sex, und mich sicherlich gefragt
hätte: »Bist du zatt geworden?« Nein, das kann es nicht sein,
und ZAT ist bestimmt auch keine generalisierte Mahnung an
die Triebfahrzeugführer, ob sie vor Dienstantritt ausreichend
gefrühstückt haben.

Wieder zu Hause, gurgele, nein, googele ich sofort und
komme aus dem Staunen nicht mehr heraus, für welche
Firmen und Institute die S-Bahn da wirbt. ZAT steht für
Zahngesundheit am Tegernsee, für eine Firmengruppe der
Automobiltechnik, den Zentralverband ambulanter Thera-
pieeinrichtungen, die Zentralabteilung Technologie im For-
schungszentrum Jülich und das Zentrum für Altertumswis-
senschaften an der Uni Trier.

Eines Tages komme ich aber doch hinter das Geheimnis des
ZAT, denn da sehe ich, wie auf dem S-Bahnhof Pankow ein
Triebfahrzeugführer aus seiner Kabine tritt und ein Mikrofon
in der Hand hält, in das er im offiziellen Tonfall die Worte
spricht: »Zug der S 2 nach Bernau, einsteigen bitte!« Da
zündet es bei mir und ich weiß, was ZAT bedeutet, nämlich
Zugabfertigung durch den Triebfahrzeugführer. Der braucht
nun nicht mehr das Abfahrtzeichen der Bahnsteigaufsicht,
sondern fertigt sich gleich selber ab.

Natürlich träume ich nachts von ZAT. Ich stehe am Bundes-
platz auf dem Bahnsteig der S-Bahn und sehe zu, wie sich
ein Triebfahrzeugfahrer selber abfertigt. Aber – o Gott! – er
steigt nicht wieder in den Zug, die S 42 setzt sich ohne ihn in
Bewegung, am Kabel wird er mitgeschleift ... Und aus!

ZAT gleich Zeit der Albträume, zumindest des Albtraums, dass nach der Bahnsteigaufsicht irgendwann auch der Triebfahrzeugführer wegfällt und alle Züge von der neuen DB-Zentrale im kostengünstigen Bangladesh abgefertigt werden.

Ich weiß nicht mehr ganz genau, wo und wann das war, aber wahrscheinlich bei einer Lesung im BW Friedrichsfelde. Da lerne ich einen netten S-Bahn-Fahrer kennen, Mike St. Der bietet mir an, einmal bei ihm im Führerstand mitzufahren. Ich bin begeistert und nehme das Angebot dankend an. Eingesetzt ist er auf der Ringbahn, die zu dieser Zeit noch nicht wie heute und vor der Spaltung Berlins ein Vollring war, also ständig im Kreis herumfuhr, sondern von einer Tangentiallinie auf den Ring kam und ihn nach einiger Zeit wieder verließ. Verabredungsgemäß sitzt Mike im Führerstand, als er auf dem Bahnhof Bundesplatz hält. Er lässt mich vorn durch die kleine Tür zusteigen. Ringsum staunt man. Ich werde auf der linken Seite auf einem Klappsitz platziert, und los geht es. Westend müssen wir vom Ring herunter und auf das Kehrgleis rechts. Dort wird der hintere nun der vordere Führerstand, und es geht zurück Richtung Bundesplatz, Schöneberg, Neukölln und Ostkreuz.

Es ist herrlich, auch wenn ich auf jedem Bahnhof, in den wir rollen, immer ein wenig ängstlich auf die Fahrgäste starre, die zu dicht an der Bahnsteigkante stehen und womöglich einen Suizid planen. Ich erinnere mich noch gut daran, wie ich einmal mit meiner gerade frisch eingeschulten Tochter und ihrer Freundin gleich hinter dem Führerstand saß, als es bei der Einfahrt in den Bahnhof Hermannstraße eine Notbremsung gab und von unten etwas gegen den Wagenkasten schlug. »Raus hier und in die U-Bahn runter«, rief ich den Kindern zu, um ihnen den schrecklichen Anblick zu ersparen. Der Fahrer stand kreideweiß und völlig erstarrt

neben der Front des Zuges. Oben rückte schon mit Martins-
horn und Blaulicht das erste Fahrzeug der Feuerwehr an.

Aber diesmal geht alles gut. Wir fahren über Ost- und
Nordring, Schönhauser Allee und Gesundbrunnen werden
passiert. Am Bahnhof Westend machen wir diesmal keinen
Halt und kommen wieder auf den Südring. Hinter Neukölln
verlassen wir dann die Ringbahn, nehmen Kurs auf Baumschulenweg und Schöneweide, um auf einer Stichstrecke
über Oberspree unser Ziel zu erreichen: Spindlersfeld,
einen Kopfbahnhof. Eigentlich hätten wir dort fünf Minuten Zeit zum Kehren, doch wir haben sechs Minuten Verspätung und müssen von einem Führerstand zum anderen
hetzen.

Dann erinnere ich mich noch an den 11. August 2012, der
ein Sonnabend war. Ein Traum sollte wahr werden: Ich
durfte beim Tag der offenen Tür bei der Berliner S-Bahn
auf dem Gelände des Bahnbetriebswerks Schöneweide
selbst einen S-Bahn-Zug fahren. Ich werde kurz eingewiesen, dann geht es los. Es sind an die fünfzig Besucher an
Bord. Welche Verantwortung für mich! Ich fahre sanft an,
um dann Tempo aufzunehmen. Das Gleis ist kaum mehr
als einen Kilometer lang – und schon taucht der Prellbock
am anderen Ende auf. Ein Schweißausbruch. Ich schaffe es
aber, den Zug rechtzeitig zum Stehen zu bringen.

»Schön dumm!«, tadelt mich ein Freund am nächsten Tag.
»Wärst du in den Prellbock gekracht, hättest du doch viel
mehr Presse bekommen.«

Marienkäfer, Toaster und Co.

Über legendäre Baureihen der Berliner S-Bahn

Der »Marienkäfer« (Bauart 1927/30, Stadtbahnwagen, ET/ES/EB 165, später 275 und 276) war früher mein Lieblingszug. Seine Oberwagenlaternen erinnerten an die langen und am Ende verdickten Fühler eines Käfers. Dazu kam ein mittig angeordnetes Spitzenlicht. Die Türgriffe waren aus Messing, und wollte man eine Tür öffnen, musste man sie mit einem solchen Kraftaufwand auseinanderziehen, dass man ohne intensives Expandertraining keine Chance hatte, aus- oder einsteigen zu können.

Die Bauart 1924 (Bernau, ET/EB 169) erinnerte noch an die alten preußischen Abteilwagen. Zwischen zwei langen Drehgestellwagen waren zwei kurze, zweiachsige Beiwagen gekuppelt, die fürchterlich schaukelten und rumpelten. Nach dem Krieg wurden diese Wagentypen ab und an noch eingesetzt.

Ein völlig neues und schon fast stromlinienförmiges Aussehen hatten die Züge der Bauart Olympia (gebaut für die Olympischen Spiele 1936) und Bankier (gebaut für die Expresszüge zwischen Wannsee und dem Potsdamer Bahnhof).

Die heute noch eingesetzte Baureihe 485/86, zu DDR-Zeiten gefertigt in Hennigsdorf, hatte ursprünglich eine rot-anthrazitfarbene Lackierung, sodass ihr Aussehen an eine Coladose erinnerte. Jetzt ist auch sie in den traditionellen Farben Gelb und Rot der Berliner S-Bahn unterwegs und nach ihrer Ertüchtigung etwas geräuscharmer geworden.

Warum die Wagen der Baureihe 480, gefertigt im Westen nach der Übernahme der S-Bahn durch die BVG, »Toaster«

genannt werden, ist umstritten. Die einen sagen, sie heißen so, weil sie so schnell in Brand geraten würde (deswegen dürfen sie auch nicht durch den Nord-Süd-Tunnel fahren), die anderen meinen, dass die länglichen Schlitze an den Dächern an einen Toaster erinnern.

Die neueste, seit 1996 gefertigte Baureihe 481/482 trägt den Spitznamen »Taucherbrille« wegen des charakteristischen Aussehens ihrer Frontmaske.

Wie werden die dringend benötigten neuen Züge aussehen – vielleicht wie das »Schnabeltier« des japanischen Shinkansen?

Wir bitten um Ihr Verständnis!

Über Störungen im S-Bahn-Verkehr

Das anhaltende Wehgeschrei um die desolate S-Bahn Berlins nervt mächtig und lässt an Karl Valentin denken: *Es ist schon alles gesagt worden, nur noch nicht von allen.* Was noch keiner gesagt hat, ist, dass das Chaos bei der Berliner S-Bahn auf einen Racheakt des Eisenbahn-Bundesamtes zurückzuführen sein könnte, denn das ist in Bonn angesiedelt. Aber lassen wir diese Verschwörungstheorie einmal beiseite. Insidern war schon lange klar, dass es mit der Berliner S-Bahn einmal böse enden würde, man denke nur daran, dass es in Zügen der Baureihe 481 schon bei den ersten Fahrten so gerochen hat wie in einem Viehwagen. Soziologen bringen das allem zugrundeliegende gesellschaftliche Elend mit der Formel »Partikularinteressen versus Systemrationalität« auf den Punkt, das heißt, das Streben nach Gewinnoptimierung mit anschließendem Börsengang steht einem attraktiven öffentlichen Personennahverkehr entgegen. Als Soziologe frage ich nun nach den funktionalen Folgen dysfunktionaler Geschehnisse. Mit Erich Kästner ausgedrückt bedeutet das: Wo bleibt das Positive? Und tatsächlich gibt es eine Vielzahl von Gründen, über die S-Bahn nicht zu jammern, sondern zu jubeln:

> Wir sollten glücklich darüber sein, dass es keine wirkliche Katastrophe mit vielen Toten gegeben hat und uns Bilder erspart geblieben sind, wie wir sie von abgestürzten Flugzeugen kennen.

> Wir können uns freuen, dass unsere heilige Kuh S-Bahn nicht wirklich geschlachtet worden ist, wie zum Beispiel

der Flughafen Tempelhof im Westen oder der Palast der Republik im Osten, sondern nur, um im Bild zu bleiben, schwerkrank in der Tierklinik liegt. Immerhin werden die S-Bahn-Trassen nicht abgerissen, um Stadtautobahnen Platz zu machen, und die Züge nicht nach China verkauft!

> Wenn die S-Bahn nicht fährt, können wir wenigstens nicht in ihr überfallen werden. Auch bleibt es uns erspart, als Zeuge eines Suizids dauerhaft traumatisiert zu werden.

> Wir können voller Stolz darauf verweisen, dass wir im Hinblick auf Geduld und Gelassenheit heute absolute Weltspitze sind. Keiner hat bisher S-Bahnhöfe und S-Bahn-Züge demoliert oder die DB-Zentrale gestürmt. Früher haben die Berliner viel heftiger reagiert, wenn ihnen das Lebensnotwendige entzogen wurde, siehe beispielsweise den »Berliner Unwillen« von 1448, den »Berliner Kartoffelkrieg« von 1847 oder die »Lichtenberger Butterkrawalle« von 1915.

> Wir können etwas für unsere Fitness tun und zur Arbeit joggen, walken, gehen oder mit dem Radl fahren und generell Nietzsches Weisheit »Gelobt sei, was hart macht!« hochleben lassen.

> Wir können uns freuen, dass unser Berlin mit seinen S-Bahn-Problemen – wie mit denen um den Bau des BER-Flughafens – immer mal wieder in den überregionalen Schlagzeilen landet. Und zu Hause, am Arbeitsplatz oder bei einer Party haben wir immer einen ergiebigen Diskussionsstoff. Denn wie sagte schon Fontane? *Skandal ist immer das Süßeste.*

> Wir lernen das Alte schätzen. Denn was waren doch die legendären S-Bahn-Reihen wie der »Stadtbahner« und der »Olympiazug« für robuste Konstruktionen! Jahrzehnte haben sie gehalten, und sie würden heute noch gute Dienste leisten, hätte man sie nicht verschrottet und durch moderne Schrottzüge ersetzt.

> Menschen entwickeln durch das S-Bahn-Chaos ein hohes Maß an Empathie. Sie können nun besser nachempfinden, wie es in der Nachkriegszeit aussah: die Bahnhöfe schwarz vor Menschen und die Züge so krachend voll, dass man kaum noch Luft zum Atmen hatte.

> Das S-Bahn-Chaos schafft unter den Menschen eine Solidarität sondergleichen. Schon Emile Durkheim wusste: *Das Verbrechen eint die aufrechten Gemüter.*

> Wenn es irgendwann keine Probleme mehr mit der Berliner S-Bahn geben wird, haben wir die Riesenfreude, dass der Schmerz endlich vorüber ist und wir mit noch mehr Vergnügen in die gelb-roten Züge steigen werden.

Regionalbahn

Wir erreichen jetzt den Bahnhof ...

Über Fahrten mit RE und RB

Mit meinem VBB-Abo 65plus darf ich nicht nur in Berlin, sondern auch in ganz Brandenburg beliebig oft unterwegs sein, ohne bei meinen Fahrten einen zusätzlichen Fahrausweis lösen zu müssen. Ich kann also zwischen Fürstenberg (Havel) im hohen Norden und Elsterwerda im tiefen Süden, zwischen Wusterwitz, weit im Westen, und Küstrin-Kietz, weit im Osten, quasi gratis die Züge der DB und der privaten Anbieter in Anspruch nehmen.

Anfangs war ich beim Lesen der drei Buchstaben VBB immer etwas verwirrt, denn als Junge hatte ich gelernt, dass VBB etwas mit Fußball zu tun hat und die Abkürzung für »Verband Berliner Ballspielvereine« ist. Ein Kundiger belehrte mich aber später, dass der Fußball-VBB dem ÖPNV-VBB Platz gemacht hat und seit 1991 unter BFV (Berliner Fußball-Verband) firmiert.

Zurück zur Regionalbahn. Doch wovon reden wir eigentlich? »Lieber Herr Bosetzky, der Begriff Regionalbahn ist doch viel zu unbestimmt.«

Also nehme ich dankend Wikipedia zur Hilfe und lese dort:

Die Regionalbahn (kurz: RB) ist eine Zuggattung (»Produkt«) der Deutschen Bahn, die den klassischen Personenzug (P) und zuletzt den Nahverkehrszug (N) ablöste. Vom Regional-Express (RE) unterscheidet sie sich durch kleinere Haltestellen-Abstände und -Laufwege sowie niedrigere Reisegeschwindigkeit.

Doch im Folgenden erlaube ich mir, beide – RB und RE – in einen Topf und auch noch die beiden wichtigsten privaten

Nebenbahnen unserer Region hinzuzufügen, die ODEG (Ostdeutsche Eisenbahn GmbH) und die NEB (Niederbarnimer Eisenbahn, auch Heidekrautbahn).

Herrlich ist bei den DB-Fahrzeugen die Fanfare »Wir erreichen jetzt den Bahnhof soundso«. Ich fühle mich dabei stets wie ein kleiner Junge, der sich auf einem fröhlichen Ausflug oder einer Fahrt zur Oma oder Lieblingstante befindet. Volkslieder fürs Volk! Aber was sollte ein Zug wohl sonst erreichen, wenn nicht einen Bahnhof? Höchstens einen Hauptbahnhof. Die Durchsage klingt wie eine große Verheißung, etwa wie »Euch ist heute der Heiland erschienen«.

»Wir erreichen jetzt den Bahnhof Falkensee.« In Falkensee-Finkenkrug lebt mein nichtehelicher Schwager, und ich spotte immer: »In Nauen wohnt das Grauen, der Falkenseer hat's noch viel eher.« Pardon, das ist nicht böse gemeint, ich fahre gern dorthin, und der SV Falkensee-Finkenkrug e.V. hat im DFB-Pokal immerhin schon erfolgreich 0:5 gegen den VfB Stuttgart verloren.

Bei der Rückfahrt überkommt einen im Bahnhof Finkenkrug stets Angst. Denn häufig rasen ICE-Züge mit ihren 250 Stundenkilometern durch den Bahnhof. Steht man dann zu dicht an der Bahnsteigkante, ist die Sache so mitreißend, dass es für Bestattungsunternehmer eine helle Freude ist. Aus diesem Grund gibt es Barrieren mit nur schmalen Durchlässen und eine Unmenge schwarz-gelber Warnschilder.

Kommt dann schließlich der RE mit einer nur geringen Verspätung von zwanzig Minuten und hält, möchte man an einem schönen Sonntagabend zwar nicht ihn, aber doch alle Hoffnung fahren lassen, denn er ist überfüllt, und Hunderte von Fahrrädern verwehren einem das Einsteigen. Im Sommer ist die Situation in den Zügen Richtung Ostsee am schlimmsten.

Einmal steigen wir in Angermünde zu, todmüde nach

einer langen Wanderung. Die Hitze ist so groß, dass sie eigentlich per Gesetz verboten werden müsste. Der Zug ist nicht nur brechend voll, es riecht auch entsprechend. Wir quälen uns zum Oberdeck hinauf. Nur ein Sitz wäre theoretisch noch frei, aber ein Knabe von vielleicht zehn Jahren liegt auf einem Doppelsitz, das heißt, der Lümmel lümmelt dort. Die lieb vorgetragene Bitte, sich mit nur *einem* Sitzplatz zu begnügen und mir älterem Herrn den zweiten zu überlassen, ignoriert er. Dafür schimpft sein Vater los, dass diese »scheiß Linken« aus West-Berlin schon die ganze DDR erobert hätten und nicht mal ein todkrankes Kind in Ruhe lassen würden. Als das todkranke Kind dann kurz vor Berlin erwacht, macht es Turnübungen, die vermuten lassen, dass es zum deutschen Olympiakader gehört …

Die langjährige Teilung Deutschlands führte dazu, dass West-Berlin bis 1989 kein Umland hatte, keinen Speckgürtel. Nun aber ist er nachgewachsen, und viele Berliner ziehen dorthin, weil sie »in't Jrüne« wollen oder die niedrigeren Mieten locken. Doch sie trauern ihren Wurzeln nach und bekennen sich zu ihnen, vor allem dadurch, det man in't Umland mehr berlinern tut als in die Stadt selba. Das zeigt sich auch bei einigen Zugschaffnerinnen in der Regionalbahn, die manchmal noch ein Stück DDR-Kultur bewahren, indem sie barsch auf bürokratischen Bräuchen bestehen, etwa der Unterschrift auf dem Brandenburg-Ticket, und einen in dieser Angelegenheit auch lautstark belehren.

Zur Sicherung gegen Missbrauch ist in das vorgesehene Feld der Fahrkarte vor Fahrtantritt durch den Reisenden sein Name und Vorname in Druckbuchstaben einzutragen. Bei mehreren gemeinsam reisenden Personen ist der Name und Vorname des Reisenden mit der längsten Reisestrecke einzutragen. Dieser Reisende ist verpflichtet, im Rahmen der

Fahrkartenkontrolle auf Aufforderung seine Identität durch einen amtlichen Lichtbildausweis nachzuweisen. Nach Fahrtantritt ist die Erweiterung der Gruppengröße oder ein Austausch von Personen nicht zugelassen. Auch der Weiterverkauf oder die unentgeltliche Überlassung des genutzten Brandenburg-Berlin-Tickets ist nicht gestattet.

In meiner Wandergruppe hat diese Vorschrift immer zu amüsanten Auseinandersetzungen geführt, wenn wir uns auf dem Weg zu einer Wanderung durch Fontanes Mark Brandenburg befanden.

Reden wir nicht von den vielen verwahrlosten Bahnhofsgebäuden, die es in Brandenburg zu bestaunen gibt und die einen dazu zwingen, sich zur Verrichtung der Notdurft ins bahnnahe Gebüsch zu schlagen. Auch das Aufsuchen des WCs in den Zügen selbst ist mit viel Sucherei verbunden. Hat man dann ein sogenanntes stilles Örtchen gefunden, ist es entweder defekt oder dauerhaft besetzt. Mehrere Wartende verheißen einem qualvolle Minuten ...

Es gibt aber auch immer etwas zum Lachen, wenn wir mit der Regionalbahn unterwegs sind, beispielsweise wenn wir mit einem Triebwagen der ODEG vom Scharmützelsee kommen. Die Toilette befindet sich hier nicht nahe am Ausstieg, sondern mitten im Abteil. Öffnet man die Toilettentür, wird man von Dutzenden Augenpaaren angestarrt, als sei das Betreten einer Toilette durch einen Homo sapiens etwas so Außergewöhnliches wie das Erscheinen eines Aliens.

Die Toilettentür ist mit ihren x Knöpfen nur zu öffnen, wenn man vorher ein dreisemestriges Studium an einer TU absolviert hat, und von drinnen nur zu verriegeln, wenn man noch ein Semester mehr studiert hat. Als ich das letzte Mal solch eine Toilette benutzen wollte, hatte die Dame, die noch auf der Brille thronte, offensichtlich kein entsprechendes Studium hinter sich. Denn nachdem ich mit der Hilfe von anderen Passagieren den Knopf zum Öffnen gefunden hatte, glitt die Tür lautlos nach innen und gab den Blick auf sie frei. Ihr Schrei war so überzeugend, dass es beim Film für einen Oscar gereicht hätte.

Bus

Sightseeing als kostenlose Zugabe

Über das Fahren auf dem Oberdeck

Es ist für mich auch trotz fortgeschrittenen Alters noch immer ein Riesenspaß, im Doppeldecker oben in der ersten Reihe zu sitzen und das pralle Leben zu entdecken, wenn es sich auf der großen Bühne Berlin vor mir entfaltet.

Berliner Herz und Schnauze erleben inklusive der wichtigsten Sehenswürdigkeiten – so fröhlich wurde einmal im BVG-Kundenmagazin *Plus* für die Linie 100 geworben. Wenn dem tatsächlich so ist, müsste sie eigentlich die Dur- und nicht die Mollstraße anfahren, denke ich mir.

Um dies auszutesten, begebe ich mich also zum Hardenbergplatz, wo der 100er seine Tour beginnt. Hauptsächlich steigen hier Touristen ein. Ich bin umgeben von Nicht-Berlinern und komme mir als Einheimischer irgendwie minderwertig vor. Alle anderen sind Kosmopoliten, nur ich bin ein Hinterwäldler.

Um ja nicht aufzufallen, frage ich den Fahrer auf Englisch: »Is zis ze bass to ze empire's day?«

»Yes, of course!« Als ich ihm meine Monatskarte vorzeige, staunt er. »You're an impostor.«

Ich zucke zusammen. »Ein was bitte?«

»Ein Hochstapler.«

»Ja, und darum stapele ich mich jetzt auch oben bei Ihnen!« Ich klettere aufs Oberdeck und suche einen freien Platz.

Der innerstädtische Busreisende träumt bei seinen Fahrten immer nur von einem ganz bestimmten Sitzplatz: erster Rang, erste Reihe. Doch der ist natürlich besetzt. Nur in der Mitte ist noch ein Plätzchen für mich frei, rechts am Fenster. Ich bin umgeben von fremden Ethnien, deren Sprachen ich zu erraten suche.

Wie früher warte ich auf den Schaffner. Früher kam der mit seinem bleischweren Galoppwechsler nach oben. Da saßen wir auch noch in Viererreihen nebeneinander, und links außen war der Gang. An feuchtkalten Herbsttagen tropfte das Kondenswasser von der Decke, und zwar bräunlich gefärbt.

Wir fahren los. Berlin im Herbst, lupenreine Tristesse eines preisgekrönten Schwarz-Weiß-Films. Obwohl unser Wagen nagelneu ist, wird uns andauernd auf dem Display versichert, dass er hält. Die Haltestellenansagen kommen leider sachlich und nüchtern vom Band und nicht vom Fahrer. Also gibt es nicht, wie eigentlich versprochen, mit Herz und Schnauze tradierte Kalauer. Unfassbar, dass die Leute dennoch schnell ins Schwärmen geraten, wo ich als Eingeborener nur gelangweilt gähne und wie üblich meckere. Das Oberdeck ist von fröhlichem Schnattern erfüllt, Ausflugsstimmung pur. Die Skandinavier an Bord erreichen ihren kollektiven Höhepunkt, als »Nordische Botschaften« ausgerufen wird. Die Fahrt entwickelt sich immer mehr zur Party. Köpfe und Zeigefinger fahren ein ums andere Mal nach rechts, und fast jauchzend ruft man sich die Namen der Sehenswürdigkeiten zu: »Die Siegessäule! Schloss Bellevue! Die Spree! Die schwangere Auster! Der Reichstag! Das Brandenburger Tor! Unter den Linden! Das Adlon!«

Gott, ich hätte nie gedacht, das andere Menschen diese Hauptstadt der Hundekacke und der aneinandergereihten architektonischen Scheußlichkeiten schön finden könnten – und schäme mich direkt. Neben mir platziert sich eine junge Schöne, eine beauté triviale, hätte Fontane gesagt. Nun interessiert mich deren BusN mehr als der Bus 100, zumal wir am Lustgarten halten. Missbilligend schaut der Alte Fritz vom Pferd aus ins Fenster. Doch jede Lust vergeht mir, als die S-Bahn-Brücke am Alex vor uns auftaucht. Immer wieder ist es ja vorgekommen, dass Doppeldeckerbusse ... Kopf ab. Ich ducke mich, wir schaffen es.

Sieh da! Sieh da, Timotheus ...

Über Wagentypen und Fahrgäste von dunnemals

Sieh da! Sieh da, Timotheus, / die Olle fällt vom Omnibus!
Ich weiß, richtig heißt es in Schillers *Die Kraniche des Ibykus:*

Da hört man auf den höchsten Stufen
Auf einmal eine Stimme rufen:
»Sieh da! Sieh da, Timotheus,
Die Kraniche des Ibykus!« —
Und finster plötzlich wird der Himmel,
Und über dem Theater hin
Sieht man in schwärzlichtem Gewimmel
Ein Kranichheer vorüberziehn.

Ein Kranichheer über Berlin? *Hatten wa nich, und bekomm'*
wa ooch nich wieda rin. Am Rhin kann man das dagegen
schon erleben. Das Vogelschutzgebiet Rhin-Havelluch zählt
nämlich zu den größten Kranichrastplätzen in Europa.
Den genannten Spruch habe ich in einer Sammlung Alt-
berliner Sprüche von Luise Lemke gefunden. Dort finde ich
auch noch andere, die gut in dieses Buch passen würden:
Besser schlecht jefahren als jut jeloofen oder *Johanna geht,*
und nie verkehrt sie wieder.
... die Olle fällt vom Omnibus ... Bei diesem Spruch frage
ich mich mit Hans-Jürgen Mannhardt und Hermann Kappe, meinen wichtigsten Kriminalkommissaren, sofort: Hat
die Dame nun auf dem offenen Oberdeck eines Motor-
omnibusses der ABOAG, Baujahr 1905, gesessen, oder ist
sie nur von der türlosen Plattform des Busses gestürzt?
(Übrigens bedeutet ABOAG Allgemeine Berliner Omnibus-
Aktien-Gesellschaft.) Aber durfte 1905 eine Frau über-

haupt einen der achtzehn Sitzplätze auf dem dachlosen Oberdeck einnehmen, oder war das unschicklich und damit untersagt? Ich blättere im Alba-Band über die Berliner Omnibusse, finde aber nichts über Frauen auf dem offenen Oberdeck. Dafür werde ich bei www.kalenderblatt.de fündig: *Frauen konnten aus Gründen der »Schicklichkeit« seinerzeit die Wendeltreppe zum Oberdeck nicht erklimmen und unten soll es stets Ärger mit den gewaltigen Hüten gegeben haben, die zudem von ungeschützten Hutnadeln gehalten wurden und eine Bedrohung für die Umwelt waren.*

Das wäre also geklärt, und meine Großmütter und Großtanten haben auch nie von Fahrten auf dem Oberdeck berichtet. Muss die Olle aus der Überschrift also von der offenen Plattform gefallen sein.

Die ersten Omnibusse, an die ich mich erinnern kann, waren die vom Typ BüD3 mit ihrer riesigen Schnauze und ihrem kantigen Gesicht. Ihre hintere Plattform, auf der man ein- und ausstieg, war auf der rechten Seite offen. Ihnen folgten die Doppeldeckerautobustypen D2U, DF, DE und SD. Ab 1971 gab es dann Doppeldeckerbusse mit einer Mitteltür und einer verschließbaren hinteren Plattform.

Für uns Neuköllner aus den berühmten »einfachen Verhältnissen« war der Bus nicht gedacht. Von den über fünfzig Linien, die Berlin im Mai 1939 aufzuweisen hatte, berührten nur zwei den Rand Neuköllns, nämlich die Linie 11 (Waldstraße, Ecke Turmstraße–Hermannplatz) und die Linie 28 (Bahnhof Beusselstraße–Hermannplatz). Das sind gerade einmal vier Prozent.

Wir und der A 4

*Über meine liebste und am meisten
frequentierte Linie*

Damit niemand etwas verwechselte, stand früher vor der
Liniennummer eines Busses ein A, und es gab nur ein- und
zweistellige Linien und keinen 108er, 204er und 373er
Bus. Ebenso sind Buslinien, die ein X oder ein M in ihrer
Bezeichnung tragen, neueren Datums. Das M steht für
Metro. Auch wenn alle dabei sofort an die Pariser Métro
denken, sind damit in Berlin Buslinien mit »einer begradig-
ten Linienführung auf Hauptrelationen« und mit dichter
Taktfolge gemeint. Das X steht für Expressbus. Diese Busse
stoppen nur an ausgewählten Haltestellen und sind des-
halb schneller als Busse auf normalen Linien.
Für meinen Neuköllner Kiez war der 4er (heute 104er) der
Bus der Wahl. In Neukölln änderte sich seine Endhaltestelle
ständig (Finowstraße, Harzer Straße, Teupitzer Brücke), am
anderen Ende hatte er aber immer nur das eine Ziel: Neu-
Westend, Brixplatz. Las man dies, dachte man sofort an die
große weite Welt, an das mondäne West End in London.
Mit dem 4er (und dem 48er) bin ich zur Zeit des S-Bahn-
Boykotts fast täglich zur Uni gefahren – bei anstehenden
Prüfungen immer vor Angst geradezu schlotternd. Nach
der Wiedervereinigung endete die Linie nicht mehr in
Neukölln, sondern auf der Halbinsel Stralau. Ein User eines
Internetforums hat sie so beschrieben:

*Zuerst: Die Linie ist keine Empfehlung für Touristen. Man
fährt nicht an Sehenswürdigkeiten vorbei. Der Kurfürstendamm wird nur kurz berührt, die Bedeutung des Rathauses
Schöneberg ist nur Geschichtsstudenten klar und als Tourist
ist das Tempelhofer Feld, das einfach nur nichts präsentiert,*

auch nicht spannend. Aber man kann mit dem Bus 104 ein-
mal quer durch den S-Bahn-Ring von Westkreuz nach Ost-
kreuz fahren und lernt Berlin kennen, wie es wirklich ist.
Die meisten Menschen wohnen in Nachkriegsbauten. Und
so fährt man 45 Minuten durch ein Berlin jenseits der be-
gehrten Altbauquartiere und bekommt ein Gefühl von der
Zahl drei Millionen Einwohner. Man fährt am schlimmsten
Zentralen Omnibusbahnhof der Welt vorbei an einem Auto-
bahndreieck, das früher bestimmt mal Fortschritt symboli-
sierte. Man fährt durchs quirlige Neukölln. Am Ende hält der
Bus auf der lauschigen Halbinsel Stralau, tatsächlich einer
Insel im Grünen, die bald auch Autobahnanschluss hat und
damit für etliche als Trauminsel gelten kann.

Für die Neuköllner waren nur noch die sogenannten Dreieckslinien interessant, die es bis 1991 gegeben hat. Busse
mit dem Dreieckssymbol fuhren im Sommer vom Karl-
Marx-Platz zum Strandbad Wannsee. Wenn wir zu Onkel
Kurt und Tante Lolo nach Frohnau wollten, dann stiegen
wir an der Seestraße in einen mit roten Schildern gekenn-
zeichneten »Durchläuferwagen« der Linie 12S.
Wat et nich allet jejem hat!
Angemerkt sei, dass ich nie Busfahrer werden wollte.

Viel Verdruss mit dem Bus

Über Ärgernisse bei Fahrten mit dem Bus

Zwar hängt an jeder Bushaltestelle ein Fahrplan mit den genauen Abfahrtzeiten, doch der ist für mich nur eine »unverbindliche Willenserklärung«. Klar, wenn Busse im Stau stehen, dann trägt die BVG keine Schuld an den Verspätungen. Sie kann auch nichts für Busspuren, die von Lieferwagen blockiert werden, oder etwas daran ändern, dass Horden von Radfahrern die Busse zu einem gemäßigten Tempo zwingen. Aber ein Riesenspaß ist das Warten nicht, auch wenn dann irgendwann mehrere Busse auf einmal kommen.

Zudem gibt es Fahrer, die ihre hochmodernen Doppeldecker für Formel-1-Boliden halten und durch die Berliner Straßen donnern, als seien sie auf dem Nürburgring. Man kann sich gar nicht so schnell festhalten, wie man hinfällt. Wann kommt die Gurtpflicht für Fahrgäste? Und wie werden die Stehenden fixiert?

Lästig ist das Gedränge vorn beim Fahrer, seit man nicht mehr durch die Mitteltür einsteigen darf. Ärgerlich ist auch, dass manche Doppeldecker derart mit einer »Ganzkörperwerbung« in Rot, Blau oder Schwarz bedeckt sind, dass man sie beim Herannahen gar nicht mehr als die »Großen Gelben« wahrnimmt, sondern als den Lieferwagen einer x-beliebigen Firma.

Schließlich – aber dafür kann die BVG nun wirklich nichts – erinnert mich ein Omnibus immer an meinen Lateinunterricht. Ich habe das kleine Latinum zwar mit einer Vier geschafft, aber dennoch war das alles sehr qualvoll. Wie ich darauf komme? Ganz einfach: *Omnes* bedeutet alle, und der Omnibus ist folglich der Bus für alle.

Volo omnes lectores bona ride!
Zu Deutsch: Ich wünsche allen Lesern eine gute Fahrt!
(Wenn dit man stimmt …)

Hier bin ich der Herr im Haus!

Über Typen von Busfahrern

Nach längerem Nachdenken bin ich auf sechs Typen von Busfahrern gekommen (Frauen gibt es kaum in diesem Berufsstand):

> *Der Hilfreiche*
> Er ist älteren, behinderten und schwerbepackten Menschen beim Einsteigen behilflich, oft allein schon durch geduldiges Abwarten, und gestattet Kinderwagenschiebern ohne großes Bitten die Benutzung der Mitteltür, sortiert Fahrgästen, die schlechte Augen und ihre Brille vergessen haben, das Kleingeld auf seinem Zahlbrett und sucht auf die Frage »Wo muss ich denn aussteigen, wenn ich zum Zwergenweg will?« lange nach einer Antwort.

> *Der Witzige*
> Diese Sorte Fahrer hat alle Standardscherze im Repertoire. Auf die Frage »Wie komme ich denn zur Oper?« schmettert er sofort los: »Üben, üben, üben!« Hat er eine falsche Auskunft gegeben, dann zeigt er Reue und sagt: »Wie man's macht, isset falsch, und macht man janüscht, isset ooch nich richtig!«

> *Der Fremdenführer*
> Diesen Typ Fahrer habe ich einmal auf dem 125er Bus vom U-Bahnhof Alt-Tegel nach Frohnau erlebt. Er gibt zu allem, was zu sehen ist, einen Kommentar ab, etwa so: »Wir überqueren jetzt das Tegeler Fließ, das mehr ein Bach ist als ein Flüsschen. Aber seine Länge, von beiden

Quellen in Brandenburg bis zum Tegeler See, beträgt immerhin dreißig Kilometer. Linker Hand haben wir die gewaltige Humboldtmühle. Einst wurde hier mit Wasserkraft und dann mit Dampf Mehl gemahlen. Heute befindet sich dort die Klinik Medical Park Berlin, eine Fachklinik für Anschlussheilbehandlung und Rehabilitation. Rechts können Sie nun in wenigen Augenblicken den Hermsdorfer See erahnen, der eine Ausbuchtung des Tegeler Fließes ist.« Vielleicht ist dieser Typ Fahrer der Grund dafür, dass heute die Ansagen per Funk von der Zentrale kommen ...

> *Der Autist*
Er sitzt bewegungslos auf seinem Thron. Wenn er an den Stationen hält, blickt er starr in die weite Ferne und nimmt nicht wahr, dass ihm Umsteigefahrscheine und Monatskarten hingehalten werden.

> *Der Genervte*
Er stört sich an allem, was um ihn herum ist, so an den Schulkindern, die auf dem Oberdeck lärmen, an Dauerkarteninhabern, die vergessen haben, ihre Codenummer auf ihre Karte zu schreiben, an Fahrgästen, die eine einfache Fahrt mit einem Fünfzigeuroschein bezahlen wollen, an Teenies, die beim Einsteigen noch ihren Burger in der Hand halten (»Hier is essen vaboten!«), an Touristen, die dämliche Fragen stellen, etwa die, ob man mit dem 100er Bus auch zum Olympiastadion kommt, an langsamen Radfahrern auf der Busspur und, und, und.

> *Der Despot*
Er meckert nicht nur über alle, die ihn ärgern, er schmeißt sie auch raus. »Wenn du mit deine Eiskugel inna Hand nicht aussteichst, dann steiche ick aus – und dann könn'n die andern sehen, wie se weiterkomm'!«

Wie 'ne Straßenbahn, aba ohne Schienen

Über den O-Bus

Ich komme aus dem Funkhaus des RBB und laufe den Messedamm entlang, da spricht mich ein hochnäsiger Manager an und fragt: »Busse?«

Ich lächele. »Ah, Jochen Busse! *Mit 17 weint man nicht* und *Hausfrauen-Report 3*. Schauspieler und Kabarettist, war auch mal im Düsseldorfer Kom(m)ödchen und bei der Münchner Lach- und Schießgesellschaft. Der wohnt aber meines Wissens nicht in Berlin, sondern in Iserlohn.«

»Idiot!«, murmelt der Mann und geht weiter – in die falsche Richtung, haha!

Ich erzähle die kleine Begebenheit bei einer Familienfeier.

»O Busse!«, ruft meine Schwägerin.

»O-Busse sind nun wieder etwas ganz anderes!«, winke ich ab. »In Eberswalde gibt es sie heute noch, in Berlin nicht mehr, und hier haben sie auch nie eine große Rolle gespielt.« Ich bin ja gelernter Siemens-Industriekaufmann, deshalb kann ich voller Stolz berichten, dass Werner von Siemens den ersten deutschen Oberleitungsomnibus (genannt Elektromote) am 29. April 1882 in Berlin-Halensee vorgeführt hat. Oberleitungsbusse sind spurgebunden, aber nicht spurgeführt, also eine Mischung aus Straßenbahn und Omnibus. Die AEG folgte dann Anfang 1900 in Niederschöneweide-Johannisthal, und in Berlin-Steglitz wurde am 20. April 1912 der erste Linienverkehr mit einem O-Bus aufgenommen. Bei der BVG gab es ab 1933 drei O-Bus-Linien: den A 31 (Spandau–Staaken), den A 32 (Breitenbachplatz–Bahnhof Marienfelde) und den A 97 (ebenfalls in Steglitz, später A 33).

Mit einem O-Bus bin ich in meinem Leben nur einmal gefahren, und zwar mit der Linie A 32 zu meiner Tante Friedel nach Steglitz. Die hatte sich, weil sie Jüdin war, zur Zeit des Nationalsozialismus in Lauben versteckt und in Steglitz eine notdürftige Unterkunft gefunden. Die ganze Zeit im O-Bus über habe ich vorn neben der Kabine des Fahrers gestanden und gehofft, dass der einem entgegenkommenden Auto in einem so großen Bogen ausweichen muss, dass er den Kontakt zum Fahrdraht verliert ... Die mögliche Abweichung von der Spurmitte soll maximal fünf Meter betragen haben.

Nebenbei: 1965 ist in West-Berlin das Aus für den O-Bus gekommen. In Ost-Berlin gab es drei O-Bus-Linien, die erst 1973 eingestellt wurden. Außer im nahen Eberswalde, wo zwei Linien mit einer Länge von insgesamt 37 Kilometern verkehren, gibt es in Deutschland heute nur noch in Esslingen und Solingen O-Busse.

Der Schlenki

Über Busse in und nach Ost-Berlin

Zu DDR-Zeiten habe ich mich einmal in Begleitung meines polnischstämmigen Onkels Franek (eigentlich František) von Schmöckwitz mit der Fähre nach Krampenburg übersetzen lassen, um dann mit ihm die Große Krampe hinauf nach Müggelheim zu wandern. Er hatte den Nachnamen Brocki, den die Deutschen immer falsch aussprechen, nämlich wie Brocken und nicht wie Brodzki. In Müggelheim angekommen, waren wir zu müde, um dieselbe Strecke noch einmal zu Fuß zurückzulegen. Wir setzten uns in den Bus, um nach Köpenick zu fahren und dort in die 86 nach Schmöckwitz umzusteigen. Als wir im Bus nach zwei freien Sitzplätzen suchten, erkannte mich jemand und rief: »Ah, der -ky im Schlenki!«

Der »Schlenki« war ein Produkt der Ikarus-Werke in Budapest und Székesfehérvár (Stuhlweißenburg), ein Gelenk- oder Gliederbus, auch Ziehharmonikabus genannt, der überall im Ostblock anzutreffen und trotz seiner enormen Länge von elf Metern auch in engen Straßen einsetzbar war. In West-Berlin kannten wir so etwas nicht, deshalb war meine erste Schlenki-Fahrt ein echtes Erlebnis. Vom Gefühl her war es etwa so, als säße man in einem Flugzeug, das in heftige Turbulenzen geraten ist.

Aber auch meine zweite Fahrt im Schlenki ist mir lebhaft in Erinnerung geblieben. Das war gleich nach der friedlichen Revolution, als die S-Bahn-Strecke zwischen Tegel und Hennigsdorf noch nicht wieder instand gesetzt worden war. Stattdessen fuhr ein Bus von Alt-Tegel zum Bahnhof Hennigsdorf, ein Schlenki. Ich sollte im Kulturhaus von Stahl Henningsdorf lesen, war eine halbe Stunde zu früh vor Ort und setzte mich auf eine Bank, von der aus ich den Eingang zu meinem Auftrittsort im Blick hatte. Und da strömten die Massen nur so ins Haus. Eine Viertelstunde vor Beginn der Lesung mussten es schon weit über hundert Zuhörer sein. Ick freute mir – uff Berlinisch – 'n Loch in'n Popo. Zwar waren zwei meiner Kriminalromane auch im Ost-Berliner Verlag Das Neue Berlin erschienen, aber dass ich so viele Leute anlocken würde, hätte ich mir niemals träumen lassen.

Dann ging ich endlich selber ins Kulturhaus – und da saßen im Saal, der für meine Lesung vorgesehen war, nicht einmal zehn Frauen und Männer. Die restlichen waren in einen anderen Saal geeilt, wo Heizdecken vorgeführt wurden ...

Fähre

Fährmann, hol über!

Über Fähren in Berlin und seinem Umland

Meine Kohlenoma, die wir so nannten, weil sie in der Kreuz-berger Manteuffelstraße in einem Keller mit Kohlen han-delte, war an der Oder aufgewachsen, und immer, wenn wir nach dem Krieg wegen einer Stromsperre bei Kerzen-licht zusammensaßen, erzählte sie gruslige Geschichten. Ein Satz ist mir dabei besonders in Erinnerung geblieben: »Da hat der Tod dumpf gerufen: ›Fährmann, hol über!‹«

Als mein Vater aus der Kriegsgefangenschaft heimgekehrt war, erklärte er mir, warum der Beruf des Fährmanns so geheimnisumwittert war. In der griechischen Mythologie heiße der düstere greise Fährmann Charon, der setze die Toten in einem Binsenboot über den Totenfluss Acheron, damit sie ins Reich der Unterwelt gelangten, wo der To-tengott Hades herrschte. Auf die Fähre des Charon dürften jedoch nur Tote, die bestimmte Begräbnisriten durch-gemacht hatten und deren Überfahrt mit einer Münze, dem sogenannten Charonspfennig, bezahlt worden war. Diese Münzen wurden den Toten unter die Zunge gelegt. Unbestattete Tote, denen Charon den Zugang verwehrte, mussten hundert Jahre am Ufer des Acheron als Schatten zubringen.

Okay, das juckte mich wenig, denn erstens war ich jung, und zweitens waren wir Christen und hatten mit dem Hades nichts am Hut. Dagegen erfüllte mich aber Tante Claires Geschichte vom Hakenmann mit Schrecken, da ich gerade nicht nur im Hallenbad, sondern auch in der Dah-me bei Schmöckwitz das Schwimmen erlernte. Der Ha-kenmann ist der Legende nach eine Mischung aus Mensch und Fisch und zieht Menschen zu sich ins Wasser, um sie zu verspeisen. Die Kinder wurden deshalb von ihren Eltern gewarnt, nicht zu nah ans Wasser zu treten, sonst würden sie vom Hakenmann geholt.

Diese Legende hat in mir so nachgewirkt, dass ich der ersten Kurzgeschichte im Band *Berliner Leichenschau – Kleines Einmaleins des Mordens*, den ich zusammen mit Gunther Geserick, dem bekannten Rechtsmediziner der Charité, geschrieben habe, den Titel *Der Hakenmann von Krampenburg* gegeben habe. Die handelt von einem Taucher, der arglose Schwimmer so lange unter Wasser zieht, bis sie ertrinken.

Zwischen Schmöckwitz und Krampenburg pendelt die F 21 (Krampenburg–Zum Seeblick), eine der fünf von der BVG betriebenen Fährlinien in Berlin. Die anderen vier Fähren sind die F 10 (Wannsee–Alt-Kladow), die F 11 (Wilhelmstrand–Baumschulenstraße), die F 12 (Müggelbergallee–Wassersportallee) und die F 23 (Müggelwerdeweg–Müggelhort–Neu Helgoland–Kruggasse).

Am meisten war ich wohl mit der F 10 unterwegs, denn wir haben mehrere gute Freunde in Kladow. Auch an Bord der F 12 war ich öfters, denn sie ist unverzichtbar, wenn man über die Müggelberge gewandert ist und zur S-Bahn in Grünau will. Am urigsten ist die F 24 (Spreewiesen–Kruggasse), denn da setzt einen ein echter Fährmann mit einem Ruderboot, in das acht Fahrgäste und einige Fahrräder passen, nur mittels seiner Muskelkraft über die Müggelspree.

2014 hatte man die F 24 eingestellt, doch seit dem 1. Mai 2015 sticht »Paule III« wieder in See – zumindest am Wochenende und an Feiertagen. Ein neuer Fährmann bringt seine Kunden mit zwölf Ruderschlägen in anderthalb Minuten über die Spree, die hier 36 Meter breit ist. Die Bürgerproteste waren unüberhörbar geworden, und seither möchte auch so mancher Berlin-Tourist von »Paule III« übergesetzt werden.

In ganz Berlin bekannt sind auch die Autofähre von Wolfgang Burchardi, die pausenlos zwischen dem Aalemannufer in Hakenfelde und Tegelort unterwegs ist, die Fähre zur Pfaueninsel und die über den Tegeler See zur Insel Scharfenberg, auf der das Internat »Schulfarm Insel Scharfenberg« zu finden ist. Wer da zur Schule jejang'n is, der kann sich wat druff einbilden.

Meine Wandergruppe hat kaum eine Fähre ausgelassen, weder die von Ketzin nach Schmergow noch die zwischen Pritzerbe und Kützkow über die Havel, weder die Seilfähre Strausberg noch die Fähre über den Luzin oder die von Caputh nach Geltow.

Zwei Zwischen- beziehungsweise Unfälle haben die letztgenannte Fähre bundesweit bekannt gemacht – zumal Albert Einstein in Caputh ein Haus hatte. 1998 fuhr ein BMW-Fahrer aus Hamburg nachts ins Wasser, weil sein Navigationssystem keinen Hinweis auf die Fähre gab und er die vorhandenen Zeichen nicht beachtete. Und 2014 glitt ein Auto von der Fähre ins Wasser. Die Fahrerin konnte sich in letzter Minute durch das offene Pkw-Fenster retten.

Hin und wieder überkommt es mich, dann variiere ich einen Satz des Herrn Mephistoteles – *Ich bin des trocknen Tons nun satt, / Muß wieder recht den Narren spielen* – und beginne zu blödeln und zu kalauern. Zum Glück habe ich Freunde, die das ertragen. Beim Anblick einer Fähre könnte sich dann der folgende Dialog entwickeln:

»Gibt es eigentlich auch eine Unfähre?«

»Ja, eine Fußballspielerin von Turbine Potsdam, die dauernd unfair spielt. Das wäre dann eine Unfaire.«

»Ich glaube, es wird nichts mit der Fähre heute, da ist gar kein Fährmann zu sehen ...«

»Kein Wunder, der steht gerade bei Schalke 04 im Tor, der Ralf ...«

»Bei Hertha BSC war auch mal ein Fährmann, der stand

aber nicht im Tor und hieß außerdem Christian mit Vornamen.«

»Da kommt ja unser Fährmann, wir können also übersetzen.«

»Ah, ein Übersetzer ist er auch noch, der *ferryman*! Vielleicht setzt er vom Englischen ins Deutsche über ...«

»Schluss jetzt!«

Allen Ernstes ist es mir aber einmal in Konradshöhe passiert, dass mich ein Ortsunkundiger fragte: »Wie komme ich denn am besten von hier nach Spandau?«

»Mit der Fährige da vorn.«

Der Mann guckte mich an, als hätte ich sie nicht mehr alle. Ich habe das mit der »Fährige« von meinem Sohn. Als der vielleicht vier Jahre alt war, hat er diese Bezeichnung erfunden. Ebenso habe ich zwei andere Hervorbringungen der Kinder meiner Freunde in meinen Sprachschatz übernommen: Ummutz für Umweltverschmutzung und Piffpoff für Christoph. Das mag daran liegen, dass ich einmal ein Buch von Ashley Montagu gelesen habe: *Zum Kind reifen*.

Quellen

Adler, Alfred: Menschenkenntnis (1927). Studienausgabe, Bd. 5. Hrsg. von Jörg Rüdi. Göttingen: Vandenhoeck & Ruprecht 2007.

Bahnhof. In: Duden. Das Herkunftswörterbuch. Etymologie der deutschen Sprache. 5., neu bearbeitete Auflage. Bd. 7. Hrsg. von der Dudenredaktion. Berlin: Duden 2014.

Bahnhof. Unter: http://www.duden.de/rechtschreibung/Bahnhof (abgerufen am 4. Dezember 2015).

Bohle-Heintzenberg, Sabine: Architektur der Berliner Hoch- und Untergrundbahn: Planungen, Entwürfe, Bauten bis 1930. Berlin: Willmuth Arenhövel 1980.

Bosetzky, Horst/Gottwaldt, Alfred/u. a.: Noch jemand ohne Fahrschein? Straßenbahn-Erinnerungen von Horst Bosetzky, Alfred Gottwaldt und einem Mann an der Kurbel. Berlin: Jaron Verlag 1997.

Bosetzky, Horst: Einsteigen bitte, Türen schließen! S-Bahn Erinnerungen von Horst Bosetzky. Berlin: Jaron Verlag 1997.

Bosetzky, Horst/Poppel, Uwe/u. a.: Tegel – Zurückbleiben bitte! U-Bahn-Erinnerungen von Horst Bosetzky, Uwe Poppel und drei ehemaligen Fahrern. Berlin: Jaron Verlag 1999.

Bosetzky, Horst: Wie ein *Tier*. Der *S-Bahn-Mörder*. Roman. Berlin: Jaron Verlag 2013.

Denkmalpflege-Verein Nahverkehr Berlin e. V. (DVN) (Hrsg.): U 2 – Geschichten(n) aus dem Untergrund. Berlin: Gesellschaft für Verkehrspolitik und Eisenbahnwesen e. V. (GVE) 1995.

Deutsche Reichsbahn/Reichsbahndirektion Berlin (Hrsg.): Auszug aus den wichtigsten Dienstvorschriften für den Berliner Triebwagenzugdienst, Berlin: 1948.

Dienstanweisung für den Fahrdienst der Straßenbahn der Berlin Verkehrs-Betriebe (BVG), gültig ab 1. Januar 1956.

Die psychologische Bedeutung der vier Grundfarben. Unter: http://www.psychotech.at/05_farbpsycho_1_4farben.html (abgerufen am 4. Dezember 2015).

dnamod: Im ersten Heft der Kundenzeitung der BVG. In: Beiträge zum Bus 104. Unter: http://www.yelp.de/biz/bus-104-berlin (abgerufen am 13. Januar 2016).

Fritz Haarmann. Unter: https://www.wikipedia.org/wiki/Fritz_Haarmann (abgerufen am 4. Dezember 2015).

Galoppwechsler. Unter: https://de.wikipedia.org/wiki/Galoppwechsler (abgerufen am 4. Dezember 2015).

Gammrath, Dieter/Jung, Heinz: Berliner Omnibusse. Düsseldorf: Alba 1988.

Gericke, Gerda: 15.11.1905: Motor-Omnibusse in Berlin. Unter: http://www.kalenderblatt.de/index.php?what=thmanu&lang=de&manu_id=709&sdt=20151115&maca=de-gk-volltext-microsoft-kalenderblatt-12259-xml-atom (abgerufen am 4. Dezember 2015).

Gottwaldt, Alfred B.: Berliner Fernbahnhöfe. Erinnerungen an ihre große Zeit. Düsseldorf: Alba 1982.

Hausschild, Peer: Die Uferbahn muss weiter fahr'n! Unter: http://www.uferbahn.de/2011_04_09_Pressemitteilung.pdf (abgerufen am 4. Dezember 2015).

Jacobs, Kai: S-Bahn hat denglischen Linien-Plan offenbar geklaut. Aprilscherz in Berlin. In: Der Tagesspiegel, 7. April 2015. Unter: http://www.tagesspiegel.de/berlin/aprilscherz-in-berlin-s-bahn-hat-denglische-linien-plan-offenbar-geklaut/11605178.html (abgerufen am 4. Dezember 2015).

Kramer, Wolfgang/Jung, Heinz: Linienchronik der elektrischen Straßenbahnen in Berlin bis 1945. Schriftenreihe Bd. 3. Berlin: Arbeitskreis Berliner Nahverkehr e. V. 1994.

Lemke, Luise: Lieber 'n bißken mehr, aber dafür wat Jutet. Berliner Sprüche. Berlin: Arani 1981.

Marks, André: Mensch als Fehlerquelle? In: Straßenbahn Magazin, H. 9, 2015, S. 3.

Meyer-Kronthaler, Jürgen; Berlins U-Bahnhöfe. Die ersten hundert Jahre. Berlin: Bebra 1995.

Meyer-Kronthaler, Jürgen/Kramer, Wolfgang: Berlins S-Bahnhöfe. Ein dreiviertel Jahrhundert. Berlin: Bebra 1998.

Meyer-Kronthaler, Jürgen/Kurpjuweit, Klaus: Berliner U-Bahn. In Fahrt seit über 100 Jahren. Berlin: Bebra 2001.

Penning, Lars: »Magic In The Moonlight« im Kino. In: Tip, H. 25, 2014, S. 43.

Profile der Berliner U-Bahn. Unter: https://de.wikipedia. org/wiki/Profile_der_Berliner_U-Bahn (abgerufen am 12. Januar 2016).

Regionalbahn. Unter: https://de.wikipedia.org/wiki/Regionalbahn (abgerufen am 4. Dezember 2015).

Ritzenschieber. Unter: https://de.wikipedia.org/wiki/Ritzenschieber (abgerufen am 4. Dezember 2015).

Sälter, Gerhard/Schaller, Tina (Hrsg.): Grenz- und Geisterbahnhöfe im geteilten Berlin. Begleitband zur Ausstellung im Berliner Nordbahnhof. Berlin: Ch. Links Verlag 2013.

S-Bahn-Boykott. Unter: https://de.wikipedia.org/wiki/S-Bahn-Boykott (abgerufen am 4. Dezember 2015).

Taxi. Unter: https://de.wikipedia.org/wiki/Taxi (abgerufen am 13. Januar 2016).

U-Bahn-Cabrio. Unter: http://www.bvg.de/de/Service/Berlin-erleben/Detailansicht? newsid=262 (abgerufen am 12. Januar 2016).

U-Bahn. Linien, Fahrpläne und Fahrpreise der U-Bahn in
    Berlin. Unter: http://berlin.de/tourismus/infos/nah-
    verkehr/1742343-1721041-ubahn.html (abgerufen am
    4. Dezember 2015).
VBB-Tarifinformationen. Brandenburg-Berlin-Ticket.
    Unter: http://www.vbb.de/de/article/touristen/bran-
    denburg-berlin-ticket/10806.html (abgerufen am
    13. Januar 2016).
Verkehr. Unter: http://de.thefreedictionary.com/Verkehr
    (abgerufen am 4. Dezember 2015).
1902 Das Gleisdreieck: Eine Abzweigstelle. Unter: http://
    www.berliner-verkehrsseiten.de/u-bahn/Strecken/
    Gleisdreieck/Gleisdreieck_1900/body_gleisdrei-
    eck_1900.html (abgerufen am 4. Dezember 2015).